量刑：一个社会性过程

Sentencing: A Social Process
Re-thinking Research and Policy

——研究与政策的反思

(英)赛勒斯·塔塔 (Cyrus Tata) 著
赵增田 颜乔浠 译
金泽刚 校译

上海大学出版社

图书在版编目(CIP)数据

量刑：一个社会性过程：研究与政策的反思 /（英）赛勒斯·塔塔（Cyrus Tata）著；赵增田,颜乔浠译；金泽刚校译. —上海：上海大学出版社,2023.2
书名原文：Sentencing：A Social Process Re-thinking Research and Policy
ISBN 978-7-5671-4668-6

Ⅰ.①量… Ⅱ.①赛… ②赵… ③颜… ④金… Ⅲ.①量刑-研究 Ⅳ.①D914.104

中国国家版本馆 CIP 数据核字(2023)第 020032 号

责任编辑　徐雁华
封面设计　缪炎栩
技术编辑　金　鑫　钱宇坤

First published in English under the title
Sentencing：A Social Process：Re-thinking Research and Policy
by Cyrus Tata，edition：1
Copyright ©，Cyrus Tata, under exclusive license to Springer Nature Switzerland AG, part of Springer Nature, 2020*
This edition has been translated and published under licence from Springer Nature Switzerland AG.
Springer Nature Switzeriand AG takes no responsibility and shall not be made liable for the accuracy of the translation.

图字 09-2022-0800

量刑：一个社会性过程
——研究与政策的反思

（英）赛勒斯·塔塔(Cyrus Tata)　著
赵增田　颜乔浠　译
金泽刚　校译

上海大学出版社出版发行
（上海市上大路 99 号　邮政编码 200444）
（https://www.shupress.cn　发行热线 021-66135112）
出版人　戴骏豪

*

南京展望文化发展有限公司排版
上海普顺印刷包装有限公司印刷　各地新华书店经销
开本 890mm×1240mm　1/32　印张 8　字数 186 千
2023 年 2 月第 1 版　2023 年 2 月第 1 次印刷
ISBN 978-7-5671-4668-6/D·251　定价 42.00 元

版权所有　侵权必究
如发现本书有印装质量问题请与印刷厂质量科联系
联系电话：021-36522998

专家推介

本书对量刑政策和量刑研究进行了极具原创性与建设性的反思。它丰富和活跃了一场常常是两极化和徒然的辩论。
——美国德保罗大学法学院荣休教授 Susan Bandes

本书优雅而直接地将量刑重新界定为一个复杂、多面和斡旋的过程。对于所有对量刑和刑事司法制度感兴趣的读者来说，这本书不容错过。
——澳大利亚福林德斯大学"马修·弗林德斯杰出教授" Sharyn Roach Anleu

塔塔以一种绝妙的方式展示了我们对实现变革的浮躁是如何遮蔽我们洞察量刑过程真实运作的能力的。本书揭示，如果以当下盛行的二元式归类来看待量刑，这只是一团迷雾。
——荷兰莱顿大学刑法学教授 Miranda Boone

这本书对于任何对量刑和刑事裁判感兴趣的人来说都是不可或缺的。塔塔的关键贡献是打破了道德个人主义的链条，解除了我们理解和改革量刑的束缚。通过帮助我们面对作为一个社会过程的量刑，这本书预示了在理论上和实践中进步性变革的开启。

——英国格拉斯哥大学犯罪学和社会工作教授 Fergus McNeill

赛勒斯·塔塔是研究量刑领域的开拓性思想家,本书阐述了他反对将量刑描述为自治法官的个人主义行为的立场。为了更好地理解法庭内外的利害关系,塔塔令人信服地提出了一种对量刑的整体性和过程导向的分析。

量刑被解构为一种人类和社会实践,塔塔就信息技术勃兴时代"自由裁量权的丧失"提出了一种具有深刻启发性和非常有趣的观点。

这本发人深省的著作不仅是量刑学者、也是决策者的必读书,因为它很好地汇集了当今研究和思考量刑的主要讨论与观点。

——比利时布鲁塞尔自由大学犯罪学和刑罚学教授 Kristel Beyens

序言和致谢

这本书酝酿已久。长久以来,我一直对量刑的学术研究和政策思考(以及对更广泛的裁量性决策的思考)中普遍流行的观点感到不满。不知怎的,它们太过造作,过于抽象。本书主张,从根本上重新构想,在研究和政策思考时,我们如何构思和描述决策。

我论证的前提是,虽然量刑的学术研究和政策思考一直是一场关于如何改革(或不改革)刑罚决策的激烈争论,但这些辩论已经难以寸进。尽管在改革的规范性问题(例如或多或少的规则或自由裁量权、指导方针等)上存在激烈的分歧,或者也可能正因如此,事实上,改革者和维持现状的捍卫者对决策的看法与分类是相同的。我将表明,其标志是一种拥有财产权的自主个人主义假设的范式。

不仅法官和其他量刑专业人员被视为拥有独立工作领域的自主个体,量刑的对象也是如此。决策往往被认为是一个或多或少自主的个体元素的集合(例如事实、加重和减轻因素、规则、自由裁量权等),彼此竞争,每个都被想象为拥有固有的特性。

然而,仅仅揭示所有权的隐喻是如何反映和构成自主个人主义这一修辞是不够的。相反,我们应该如何重新想象决策实践?本书提出了三个关键特征,使我们能够释放新的思维并开启新的研究和政策议程。我解释说,量刑决策不可避免地具有解释性、过程性和表演性。我希望这些主张能由同行和其他人作进一步的发展。

由于本书的观点已经酝酿了很长时间，我要对许多人表示感谢，他们或是和我讨论过书中的观点，或是对我的初稿发表过评论，包括：Andrew Ashworth，Susan Bandes，Greg Berman，Kristel Beyens，Miranda Boone，Louise Brangan，Antony Duf，Stewart Field，Jay Gormley，Loraine Gelsthorpe，Simon Halliday，Neil Hutton，Fiona Jamieson，Louise Johansen，Kathy Mack，Richard Moorhead，Fergus McNeill，Mike Nellis，Tom O'Malley，Sharyn Roach Anleu，Julian Roberts，Marguerite Schinkel，David Tait，Javier Velasquez，Sakia Vermeylen，Beth Weaver，and Richard Weisman，Jacqueline Young，以及匿名同行评审。我还要特别感谢帕尔格雷夫的"社会—法律系列"的学术编辑 Dave Cowan，他的评论是尖锐的和公正的。然而，不仅是学者激发了我的思考，而且还有无数的从业者（法官、律师、社会工作者等）、政策制定者以及受司法程序影响的人——所有人都慷慨地给予了他们的时间和他们的思想。我也要感谢 Josie Taylor 的支持和耐心，他是帕尔格雷夫的"社会—法律系列"的约稿编辑。最后，我衷心感谢 Ashley，Sylvie 和 Elodie，他们以我从未想象过的方式，向我展示了分别称为认知和态度、行动和表达的东西，在更深层次的真理中，它们是不可分割的。

赛勒斯·塔塔（Cyrus Tata）博士
英国思克莱德大学法学院法律与刑事司法教授
法律、犯罪与司法中心主任

导　读

金泽刚　蒋济泽[*]

近半个世纪以来,现代化与全球化导致的社会巨变引发了世界各国政界、学界以及公众对于社会秩序与社会治理开展广泛的讨论,其中尤其值得注意的是犯罪治理与刑事对策问题。

面临社会结构变革推升的社会风险以及城市中社区解组等所滋生的高暴力犯罪,西方各国刑事立法被迫进入活跃期,刑事司法出现"预防性转向"的趋势,从而使得社会治理领域中刑事措施的比重不断增加。在此过程中,刑罚的力度与严苛性亦不断加强,并由此导致监狱系统不断扩张。值得强调的是,自20世纪70年代以来,英美监狱中的囚犯数量不断上升,其监禁率远高于其他西方发达国家。美国仅占世界人口总数的5%,而其监狱系统关押的罪犯却占世界在押犯总数的25%。此外,英美两国的犯罪化范畴以及其他刑罚措施也在持续扩张,比如近年来英美对非法移民群体的犯罪化的政策趋势和动用刑法来打击非法移民行为。又如两国的社区服刑人数也在不断增加。据2016年美国司法统计局公布的数据显示,在美国约有600万人处于刑事司法系统的监管之中。正如纽约大学法学院教授大卫·加兰德(David Garland)所言,

---

[*] 蒋济泽系同济大学法学院助理教授,美国伊利诺伊大学犯罪学、法律与司法博士。

这一系列引人注目的刑事变革预示着我们步入一个以"控制的文化(the culture of control)"为主旋律的刑事法治新时代。

由于种种纷繁复杂的刑事场域变迁,世界各国刑法学者一方面聚焦于阐述刑法诸多变迁的缘由及后果,另一方面也开始深入探究和反思刑法的本质、结构、功能与社会意蕴,并产生了大量具有突出理论贡献的学术作品和研究文献。在此过程中,这一波刑法研究的兴起与迅猛发展也促发了"社会学转向"在刑法研究中的复兴与壮大(尤其是在英美刑法学界)。作为刑法体系核心组成部分的刑罚问题也获得了前所未有的关注,甚至开辟了"刑罚社会学(the sociology of punishment)"这个新兴研究领域[①]。其中,刑罚目的、形式、种类、运行与效果及其与社会结构的关系,一直是刑罚社会学学者常议的经典内容与理论发展的着力点。当然,量刑,作为刑罚系统运行的重要过程与塑造刑罚体系特质的核心司法实践,也成为刑法与刑罚社会学不可回避的话题。

塔塔教授的最新专著《量刑:一个社会性过程——研究与政策的反思》正是在此种司法现状与学术背景下应运而生。本书具有恢宏且雄心勃勃的研究目标,即将量刑研究的理论化水平提高到一个新台阶,重塑量刑研究的概念基础与理论路径。本书并非单一地讨论量刑的具体实践和量刑的某个方面的问题,也非关注英国新近出台的某一项量刑政策内容并评估其运行效果。相反,本书从根源上创造性地构想出对量刑问题理解的新框架,力图推进当前量刑研究的理论发展。

---

① 英美刑法学界一直有着深厚的社会学研究传统,总体上呈现教义分析与实证研究并存的方法论格局。这一波刑法研究特征,我们称为"刑法研究社会学化"。这种学术范式转型既来源于刑法学者关注和理解刑法规范的变迁与刑罚体系的变革所做的努力,也是由大量的社会学、政治学等其他社科领域的学者从他们的学科视野来观察刑法与社会、文化、政治、经济之间的关系来推进的。

具体来说,塔塔教授试图通过对现有文献和政策实践作深度思考,发掘出当前量刑研究的漏缺,尤其是概念和理论层面的局限,借用社会学分析框架与研究路径(主要是社会建构主义流派和符号互动论),进而提出整合性的理论视角和研究范式,帮助我们建构和阐释量刑实践的本质与内涵。

塔塔教授认为,要想真正领悟量刑的真谛,不能仅把量刑问题简单地定义为一种技术操练,而应当理解为是一种具备反思性文化的社会过程。量刑既为社会大众提供情感表达的平台与出口,也通过社会成员对量刑过程参与来彰显和发挥司法独特的民主治理效果。同时,在此种定义与研究脉络指引下的量刑研究也能有助于我们缓解当前刑罚问题中激烈的矛盾,从而建构出更合理的刑罚准则。简言之,在塔塔教授看来,当前量刑研究过度地关注量刑的规则逻辑和内在价值,忽视了量刑问题的现实性与社会性,这种认知模式和思维框架会误导我们对量刑问题的理解,也不利于决策者和司法管理者找到走出当前量刑危机的解决方案。

就此,在开拓量刑研究新出路之前,塔塔教授首先对当前量刑理论中流行的两大路径进行了深刻的反思,对它们在量刑研究中所存在的问题做了充分说明。这两大量刑研究传统为法律—理性传统(legal-rational tradition)与司法—防御传统(judicial-defensive tradition)。在现有量刑研究中,这两种量刑理论路径往往被认为是呈现竞争性的,互相对抗,在学术争议中互相较量其解释力。具体而言,对于法律—理性传统而言,量刑问题通常被简化为一种法官个人的决策过程,要求法官在量刑过程中精准适用法律规范,做到充分理性化以防止量刑偏差。相反,司法—防御传统则试图保全法官对案件处理享有充分的自由裁量权,从而可以有效实现刑罚个别化的量刑结果。前者侧重将法官在量刑场域里描述为是一种纯粹的法律适用者,遵循严格的法律主义,强调法律规则的至高无上;后者则体现了对法官充分的信任,尊重其主观能动性,以便灵活适应复杂刑事案件的量刑要求。但需要注意的是,使法官享有宽泛的自由裁量权也通常被指责为引起了当前英美刑罚系统里存在的被告人种族层面的巨大量刑差异,是对少数族裔产生量刑不公的主要来源。

塔塔教授阐释道,上述两种路径冲突的背后实际上是量刑的一致性(例如,通过颁布量刑指南的方式来规制量刑权)与司法自由裁量权之间的争论。不过他也指出,虽然这两种传统在概念层面与规范视角是对立冲突的,但两者在本体论维度却是大同小异的,或者可以说它们事实上是量刑实践维度的一体两面。亦即量刑实践过程中本身就会涉及在充满冲突的法律与事实、硬性规则与自由裁量之间进行权衡和抉择。之所以会有这种喋喋不休的争论,根本原因在于当前量刑研究普遍采取一种"独立的个人主义(autonomous individualism)"的概念预设和理论视野,倾向于将量刑视为由一系列分工明确的、独自从事专业性实践的零散领域而构成。在这些分散的领域中,司法人员都"独立地掌握着"对各类量刑问题的权力,并把握着各自量刑具体过程中的进展情况。从反思量刑思想根基来说,塔塔教授同其他刑法学者不谋而合,批判了古典刑法理论基础,即由自由主义思想(liberal theory)奠基的刑法理论框架。而这种自由理论其实是一种洛克式思维,也就是站在个体视角上认为个人拥有了所有权便拥有了真正的自由。

塔塔教授主张,对于量刑的理解不能拘泥于当前主导的法律形式主义视角,过度专注于量刑体系中抽象的规范和概念逻辑,而应该采取一种更加全面的、具备现实观与综合性的视域来审视和改良当前量刑实践的种种问题。为此他提出,量刑是一个社会成员参与的、被人的行动不断建构的、镶嵌在一定的社会语境下的社会过程。他强调对量刑问题注入社会学想象力可以破除量刑仅指司法行动的狭义概念,并诠释为何在大量的量刑决策中缺乏关于社会正义与分配正义的考量。与此同时也能够告知我们:享有量刑权或者影响量刑决策的人员绝非被法官垄断,也更广阔地包含辩护律师、缓刑官、假释官,甚至还囊括了被害人。他们"共享"量刑决策机制,共同分担量刑任务,虽然司法专业人员占据主导地位。

塔塔教授特别指出,量刑过程带有三种值得深挖的社会特性,并对其做了广泛讨论:第一,量刑实践是具有诠释性的,也就是说量刑是"通过协作性活动而产生意蕴的社会过程",由众多社会成员的行动性因素构建而成,里面夹杂着每位参与者的认知、理解与回应。量刑决策是司法工作者运用法律规范和法律推理方法来评价案件事实,进而从定性与定量层面对刑罚做出裁量。不过,其中对于案件事实的认定并不是纯客观的、孤立的,而是镶嵌着司法决策者的主观能动性,深受他们所处的组织和社区环境影响。一般来说,在量刑过程中,对于案件事实的认定,司法者往往会主动将他所理解的案件事实从其广阔的发生背景提取出来,基于规范化和标准化的司法要求,来符合量刑工作者的认知模式,并通过与其他类案进行比较与权衡,力图准确地适用量刑规则,做出合理的量刑决策。

然而,塔塔教授认为,行动的意蕴是在社会关系与微观互动中所建构和形成的,并不具有先前已存的客观形式。这就意味着量刑不仅只要求决策者对相关影响因素与量刑情节做细致入微的甄别、分析(例如,加重与减轻、犯罪行为与罪犯相关的特质)。量刑工作者面对量刑事实,还要进行一种从整体出发、将案件事实进行类型化的思维活动。量刑结果往往体现了量刑工作者对什么行为具有社会危害性和刑事违法性、权力如何运行以及社区成员的需求的理解,并且这种理解具有社区共性,深受当地政治与司法文化的影响。这种视野下的量刑理论框架特别着眼于诸多因素在具体情况下如何交织起来与相互关联来共同影响量刑决策和结果。此框架的主要优点是可以让量刑研究者同时注意到量刑实践的普遍特征与因裁定个案区别而产生的量刑差异。换言之,量刑实践的诠释性特质能使研究者充分考虑到法官做量刑决策时的情境性与能动性,关注语境对于量刑决策的影响,同时也提醒秉持司法—防御传统的学者关注法官量刑行动的现实层面,进行量刑实证探索。至关重要的是,这也预示着通过量刑指南或者类似办法来引导与调控司法的自由裁量权必须要考虑量刑参与者的主观能动性及其实施过程的社会性,注意到量刑过程中稠密的社会互动与个人行动的交错。同时,通过强调量刑的诠释性特质也间接提醒改革者仅仅对量刑实践做技术规定性变革来实现刑事改革目标是相当局限的。

第二,量刑实践体现了其复杂、动态的过程性,即量刑并非是某个具体时间点的实践,而是一个长期社会互动的产物,其展现了一系列专业人员协调性的交往过程和个人活动,他们相互合作、协商、博弈与决策,共同实现量刑目标。考察量刑问题,不应单一地关注法官对既定事实片刻性地适用既定的法律规则,还应囊括量刑听证程序前前后后的各阶段,从而体现出一种渐进性、积累性特征。塔塔教授认为,这些看似分散、各自独立的程序阶段实则共同建构了量刑的动态过程特征。其中,法官、律师、缓刑官以及其他从事康复性服务的职业群体等典型的司法工作者共同铸就了对于量刑事实的理解,从而运用相关量刑规则来适用那些事实。所以,规则的适用与事实的建构总是依赖于各种司法者在协调过程中发挥其主观能动性。量刑工作者在他们日常工作中如何运用专业知识来行使自由裁量权并非是静止不变的,而是时刻处于动态的社会互动过程中。就此,认为量刑是规则与自由裁量权的二元对立的观点是不切实际的,或者说它们至少是非零和关系。在某种程度上,法官事实上还是保留了些许裁量权,即使存在较为系统化的量刑规范来约束和管理他们的自由裁量权。

塔塔教授进一步指出,正是由于过往研究往往认为量刑工作人员是原子化的、独立不受干扰的决策者,他们每个人自己主管的量刑部分是相互孤立、互不沟通的,才使得司法工作者在量刑实践中较少甚至无力去关注犯罪行为的成因,从而做出更符合犯罪者利益或有助于犯罪者摆脱犯罪生涯的刑罚裁量结果。塔塔教授阐述说,这种个人主义量刑理论视角会不自觉地让司法专业人员去承担解决一些诱发犯罪行为的社会问题的责任[①]。而这类问题是需要凝聚集体力量并依赖有效的公共政策来克服的,仅凭量刑决策者个人能力是不够的。在此情况下,由于量刑专业人员的工作模式通常是处理案件,精准结案成为他们的工作目标,因此大量的精力是聚焦于关注个案的解决。这就导致他们不太会注意到,甚至也不愿意去力图缓解犯罪者踏入犯罪歧途的系统性因素,比如动员集体性力量来做社会层面的改革。所以这种导向将会把犯罪行为和犯罪者背后折射的社会问题仅仅当作是个例或者个人问题来理解,他们会有间接默认监禁刑才是首选刑罚的思维模式,或者认为刑罚是解决犯罪问题的唯一路径,这种认知惯性或路径依赖

[①] 大量犯罪学研究表明,常见引发犯罪行为的社会诱因包括贫困、家庭破裂与社会支持系统的破损、成长和生活在问题重重的解组社区或者城市边缘社区、辍学、失业和无经济来源、社会保障不足、社会歧视等。这些研究对刑事司法政策的启示为:要想真正有效降低犯罪率和预防犯罪,司法措施必须能够有效去解决犯罪的社会诱因。但事实上,这些复杂的社会诱因的应对往往超出了司法工作人员的职能和能力范围,需要法外之举来共筑犯罪防控体系。

会阻碍量刑工作者尝试刑罚系统之外的方法来应对犯罪问题。从这个角度来看,塔塔教授的分析也给当前英美社会面临的社会治理过度刑法化、刑罚的过度扩张、大规模监禁等问题如何缓解做出了启示。亦即需要合理地变革裁量权的制度设计和量刑工作文化以增强对犯罪者社会背景与犯罪行为的结构性因素的感知度、敏感性、回应性。

第三,量刑过程也具备"表演性(performative)"特质。塔塔教授认为,量刑工作是在司法工作者的互相交流、沟通中完成的。案件事实的认定也好,量刑规则的诠释也罢,都是司法专业人士通过表演自己的角色与履行自己的职能整体性的社会事实呈现,并具备一定的仪式感。在具体实践中,他们的行动与决策过程都会被他们所在领域的专业传统和职业惯习所浸染与形塑。先前研究似乎显示,量刑工作者如何进行决策是一个难以捉摸、似乎不可理解的黑匣子,他们各自独立、互不干扰,以至于专业人员无法了解其他人的行动过程。过往文献也表达出以下观点:英国量刑过程中的表演活动都被简单化理解为是在符合程序规范下迅速进行辩诉交易的方式,且表演行为都是站在提升量刑程序合法性的立场出发的。可是塔塔教授提醒到这并不是以自己利益为重的量刑专业人员间的通谋,只是他们没有完全认识到或者说不想承认他们履行自己职责过程的高度关联性和角色表演的联动性而已。

值得注意的是,各种司法工作者在此表演过程中的角色与目标并未泾渭分明。换言之,他们在日常量刑工作中的任务、角色和目的是难以明确区分他们何时是在严格遵循责任刑原则的要求,对犯罪者科处刑罚,达到报复性刑罚目的;又何时是在扮演仁爱的司法服务提供者,动用资源对犯罪者实施具有疗愈性效果的康复项目与社区回归措施。

塔塔教授在本书的第五章特别指出,这种表演内容的模糊性尤其体现在量刑过程中的"人性化工作(humanization work)":量刑工作中司法者能够注意到且探究出犯罪者作为"人"的独特性,让量刑工作者看到刑事案件中"人"的维度,表达对犯罪者人性化的理解与关切。这项工作对缓刑官来说是尤为重要的。例如,在量刑过程中,量刑前报告的调查与提交工作通常是由缓刑官来完成的。其主要目的是向量刑工作者(尤其是法官)提供关于犯罪者的个人特征、生活背景与社会情景,以便量刑决策者能够更清楚、深刻地理解犯罪者实施犯罪行为的复杂成因,从而更好地实现刑罚个别化目标。

塔塔教授进一步强调,量刑过程中的"人性化工作"确实对巩固和提升量刑工作乃至刑罚系统整体的合法性至关重要,而且量刑表演过程也能真正保障刑罚社会正义价值的实现。通过量刑人性化工作,辩护律师(甚至广泛的司法工作者)可以和其客户(刑事被告人)建立起融洽、和睦的关系,而不会让被告人感受到司法系统机械般运行的冷酷。此外,量刑人性化工作还能增进被告人在量刑阶段的认同感、参与感,进而加强司法系统在被告人心中的认可度、合法性,提升他们的司法满意度。从此角度来看,量刑人性化过程促进了刑事司法的公平性。

但是,塔塔教授指出,量刑人性化过程实际上是保证量刑体系对司法专业人员的公平性,而非真正使被告人获得公平公正的量刑结果。也就是说,量刑工作者都享有一定的自由裁量权以做出符合他们自身利益的量刑决策,而非真正从改良犯罪者背景的立场出发。他认为,这种所谓的人性化的量刑工作并非在对犯罪者做慈善或者优待处理,从而可以缓解因不关注语境的量刑工作与刑罚实践而导致的严厉性风险,而是它可以让司法工作者能够有效地快速处理案件。这种人性化工作过程有助于提升案件处理效率的原因在于：量刑工作者筛选出他们认为的"标准型客户"①目标来有针对性地裁判案件，劝说犯罪嫌疑人认罪认罚，从而能更快地处理和完结案件。塔塔教授进一步指出，正是这种实质上服务于司法系统的量刑人性化工作使得刑事司法系统在犯罪防控方面如此局限，这也是英国社会累犯率维持较高水平的原因之一。

综上所述，在量刑的表演过程中，人性化工作将呈现出风格迥异的两副面孔，因人而异。塔塔教授提醒我们需重新审视大家公认的信条——秉持量刑人性化工作能够对抗或降低刑罚的严苛性。也就是说，在此过程中，司法工作者既能有机会与被告人有更充分的互动、交流，感同身受地了解他们的背景与困境，也能目睹被告人如何认罪、如何承担应有的刑事责任，以及他们如何接受自认为是公正的刑罚裁量结果。经历这样的体验，就能让法官活生生地看到并感觉到他们的量刑工作完成了，(他们所理解的)正义得到了伸张。

讨论了量刑作为社会过程的三种属性后，本书还详细探讨了当前科技在司法场域中的兴起对量刑的影响，尤其关注科技变革会不会改变量刑工作的本质，以及它是否会威胁到量刑专业人士的自由裁量权从而导致其地位下降。为此，塔塔教授借鉴使用信息技术辅助量刑决策过程的实例研究，探究了三个具体问题：一是量刑领域中日益流行的信息技术工具是否会减少量刑自由裁量权、削弱司法专业人士的自主权？二是量刑技术工具的使用是否会降低对被告人个体的关注，逐步忽视也无力改良他们犯罪行

---

① 所谓"标准型"，指的是这类被告人的特质能为量刑工作者所利用来完成他们的工作目标。一般来说，这些特质符合他们结案要求的期许，满足他们的裁判要求，不与当前的量刑规范相抵触，且做出他们偏好的量刑决策在本行业中无任何违和感。

为的个体缘由和社会背景？三是法官和其他刑事司法决策者是否仅仅是信息的接受者而不是信息的创造者？诚然，塔塔教授指出，这三个问题的确是当前刑法学界科技跟量刑关系的热门争议，需要进一步的理论发展和实证研究。在这三个问题的指引下，他回顾并评析了相关使用量刑技术实践的研究成果，并进一步指出所谓信息技术在量刑中的使用正在削弱量刑自由裁量权的说法实际上也是基于构想的个体独立性与个人主义的假定。

塔塔教授在书末提出了一些可行的量刑研究未来的发展方向。他建议未来的量刑改革需要从根本上重新考虑法律援助的模式与内容，比如激励辩护律师向被告人引荐福利、住房以及戒毒等社会服务。他认为这将是一种更有效的刑事司法运行方式，尤其是从降低犯罪率和预防犯罪的角度来说。塔塔教授也强调，我们需要认识到量刑实践也是一种象征性和仪式性的表演过程，我们应该尽量避免量刑实践机械化，以致疏离被告人的利益和冷落他们的需求。而且我们还应该树立一种和谐关系观，关注如何促进各种行动者在量刑实践中能够有效沟通、交流与协作。

塔塔教授所言的量刑社会性过程无疑是刑法（包括刑罚）社会化的重要内容。为此，我们不得不问，究竟什么是量刑社会化？量刑社会化的上位概念无疑可以上推及刑法社会化，再往上就是法律社会化（或者更加理论化的法律社会学），对这些上位概念的研究倒是近些年来不少中国学者热衷的领域。但脱离社会实践的法律社会学研究终究是空洞无益的自我兴奋或者会议与文字游戏。依笔者看法，老百姓对许霆案的量刑结果产生严重质疑，于欢案的原审判决引发大多数人不满，这就是实践中的刑法社会化或者量刑社会化。这或许正是塔塔教授所主张的，对于量刑的理解不能拘泥于法律形式主义视角，过度专注于量刑体系中抽象的规范和概念逻辑;相反,量刑是一个社会成员参与的、被人的行动不断建构的、镶嵌在一定的社会语境下的社会过程,将量刑问题注入社会学想象力可以破除量刑仅指司法行动的狭义概念,使量刑能够诠释社会正义与分配正义。把刑法和量刑让普通人听得进,以及认真倾听普通人对刑法和量刑的想法,对这些现实问题加以研究或许是刑法社会化的必由之路。

由本书作者的研究视角,联系到我国学界对量刑制度和相关刑事政策的研究,无疑有很多值得反思的地方。多年来,我国刑法学界的研究主要热衷于犯罪论部分,对刑罚论的研究偏少,但在刑罚论研究部分,鉴于刑罚适用的核心地位,很多学者侧重于对量刑制度予以探究,研究成果较多。从早期关于量刑情节、量刑基准的争论,逐步发展到定罪与量刑的关系,量刑规范化、量刑个别化和量刑程序等。这些研究更多的是在理论上解释刑法对量刑的规定(《刑法》第61条到第86条),实践中研究大多停留于量刑技术的操作层面,也有少数论者注意到量刑的个别化以及量刑的社会价值意义,但学者那一点点对量刑社会化的呼吁很难被司法实践部门依法采纳。

具体来看,在中国知网 CSSCI 核心数据库,以"量刑"作为检索词进行篇名检索,共得到1998年至今的有效研究文献671篇[①]。

[①] 其中,重要研究者包括:姜涛发文12篇;陈瑞华发文8篇;李冠煜发文8篇;彭文华发文8篇;王瑞君发文7篇;丁铁梅发文6篇;张明楷发文6篇;王刚发文6篇。重要研究机构包括:北京师范大学刑事法律科学研究院发文26篇;西南政法大学法学院发文24篇;吉林大学法学院发文23篇;北京大学法学院发文21篇;南京师范大学法学院发文18篇;中国人民大学法学院发文17篇;武汉大学法学院发文15篇;中国社会科学院法学研究所发文12篇;清华大学法学院发文12篇;中国政法大学刑事司法学院发文11篇;江苏大学法学院发文10篇;山东大学法学院发文10篇。还有研究者专门成立量刑研究机构,如西南政法大学石经海教授等成立量刑研究中心,出版了系列"量刑研究"的专著和论文集,对量刑制度做了大量积极的研究,在某种程度也反映出我国学者对量刑制度研究的概貌。

对671篇文献进行关键词词频统计,高频关键词如下表所示:

以"量刑"作为检索词产生的高频关键词统计一览

关键词	词频	最早出现年份
量刑	121	1999
量刑建议	84	2004
量刑情节	49	1999
量刑程序	45	2009
量刑基准	36	1999
认罪认罚	30	2016
量刑公正	22	2007
量刑协商	21	2016
量刑监督	15	2004
量刑意见	15	2009
量刑改革	14	2004
定罪量刑	14	1998
定罪	13	2007

对关键词进行聚类分析,主要得到聚类量刑、量刑建议、量刑情节、量刑程序、量刑基准、量刑公正、定罪量刑等。根据关键词及聚类信息判断,1998年以来,我国量刑主题研究主要以量刑公正为核心主题,围绕量刑的程序、情节、基准等信息展开研究。

一是对量刑公正展开全面深入的探讨。

量刑公正是刑事司法所追求的终极目标,对量刑公正的内涵进行界定是深入推进量刑公正的前提。袁家德指出量刑公正的内涵应具备四个方面的特征：包括在立法层面，被告人的个体身份状况及行为的危害结果系量刑轻重的决定因素。在立法层面，矫正被告人人身危险性并努力恢复至原有权利状态的成本系量刑轻重的重要因素。在司法层面，法院认定的诉讼案件事实与客观案件事实具有一一映射关系，且法院应及时认定。在立法和司法层面，均应贯彻平等对待原则[①]。张天虹认为量刑公正是指人民法院刑事法官在认定犯罪之后，在法定刑的幅度内，依照法定程序，在充分考虑决定犯罪的危害程度和决定犯罪者人身危险性的各种量刑情节的基础上，为被告人所确定的与其所犯罪行及应负的刑事责任相适应的刑罚。量刑公正应具有合法性、合理性[②]。李立丰、齐弋博指出随着数字算法时代定罪量刑发生的深刻变革，人工智能量刑为刑事裁判带来诸多改变：一方面提升了量刑工作的效能；另一方面实现了量刑公正的转型[③]。

二是对量刑情节展开分析。

敦宁、祝炳岩认为应将量刑情节的概念界定为：刑法明确规定或者予以认可的、基本犯罪事实之外的、反映犯罪行为的社会危害性和犯罪者的人身危险性程度，并在法官裁量刑罚时据以决定对犯罪者从重、从轻、减轻或者免除处罚的各种主客观事实情况[④]；指出量刑情节适用的基本原则主要有全面评价原则、具体评价原则与禁止重复评价原则。全面评价原则是指在适用量刑情节过程中，应当对所有可能反映犯罪行为的社会危害性和犯罪者的

---

① 袁家德.量刑公正的内涵之阐释[J].山东社会科学,2016(4)：187-192.
② 张天虹.量刑公正及判断标准[J].法学杂志,2011,32(2)：66-69.
③ 李立丰,齐弋博.数字算法时代的量刑公正及其构建[J].学术探索,2022(4)：88-96.
④ 敦宁,祝炳岩.量刑情节概念新解[J].中国刑事法杂志,2012(11)：39-44.

人身危险性程度的主客观事实情况加以全面的考量，而不能有所忽视或遗漏。具体评价原则是指结合整体的案件事实，对量刑情节的性质、具体表现情形及其所可能影响刑罚轻重的程度进行具体的评价。禁止重复评价原则作为一项量刑原则，是指对已经导致刑罚量增加或减少的事实情况，不得再次将其作为增加或减少刑罚量的依据[1]。文姬认为量刑情节应对是：反映行为的社会危害性的责任刑情节，与报应和一般预防的刑罚目的相关的反映行为人人身危险性的罪前情节，还有与定罪活动紧密相关的反映行为人人身危险性的罪中罪后情节[2]。

学界对认罪认罚与量刑情节的辩证关系进行了阐述，刘伟琦、刘仁文指出认罪认罚应作为独立的量刑情节，将认罪认罚作为独立的量刑情节，可以为司法机关针对不同类型认罪认罚裁量与行为人预防必要性相适应的刑罚提供规范依据，易于激发行为人在自首、坦白之外选择认罪认罚[3]。张琳认为认罪认罚情节应定性为独立的应当从轻的法定量刑情节，在其他量刑情节对基准刑调节的基础之上，将认罪认罚情节作为最后一步予以考虑，针对基准刑的轻重和做出认罪认罚诉讼阶段的不同分别设定不同的从宽幅度，整体设置在10%～60%之间[4]。

三是对构建独立的量刑程序展开分析。

独立的量刑程序的构建是量刑公正的重要保障。岳悍惟、李

---

[1] 敦宁.量刑情节适应的基本原则[J].河北大学学报(哲学社会科学版),2012,37(6):84-88.
[2] 文姬.量刑情节的界定和区分[J].中南大学学报(社会科学版),2020,26(4):71-81.
[3] 刘伟琦,刘仁文.认罪认罚应作为独立的量刑情节[J].湖北社会科学,2021(4):118-127.
[4] 张琳."认罪认罚"作为法定量刑情节的司法适用[J].广西社会科学,2020(10):112-118.

希瑶认为我国将定罪和量刑程序糅合在一个统一的审判程序中，这样的制度设计导致量刑环节出现了诸多问题。借鉴两大法系量刑程序的优点，我国应确立相对独立的量刑程序，包括独立量刑程序的参与主体、独立量刑程序的庭审模式、独立量刑程序中的证明问题、保障独立量刑程序的配套措施[①]。张月满指出在我国建立独立的量刑程序有其必要性与可行性，并应以被告人是否认罪为根据，实行不同的量刑程序模式。相对于定罪程序，量刑程序在证明对象、证明责任、证明标准等方面有其特殊性[②]。蒋志如认为在中国语境下，由于司法不独立，量刑问题才成为一个真问题。而解决之道，量刑程序的诉讼化构造不仅仅要指向刑罚个别化、限制法官权力，更在于限制检察官权力乃至更为宏观的权力。随着时间的推移，进而实现司法独立[③]。

四是针对量刑基准展开研究。

量刑基准的合理确定是量刑公正的关键。周长军、徐嘎认为量刑基准包含基准事实和基准刑两方面，在确定量刑基准时，应该先确定量刑基准的基准事实，而后寻找基准事实对应的基准刑。为调和各地具体情况的差异性与宏观上量刑的相对统一性之间的紧张关系，应当同时构建由最高人民法院确立个罪基准事实、由地方各级法院确定基准刑并逐级备案的量刑平衡机制[④]。

在量刑基准的确定方法上，臧冬斌认为量刑基准点的确定方法有逻辑推演法和实证分析法，应以实证分析法作为量刑基准点确定的基础性方法，在对实践量刑结果实证分析的基础上，通过逻

---

① 岳悍惟，李希瑶.论我国独立量刑程序的构建[J].河北法学，2011，29(2)：140-146.
② 张月满.量刑程序论[J].法学家，2011(4)：164-175、180.
③ 蒋志如.试论中国量刑程序的基本问题[J].理论与改革，2013(1)：173-177.
④ 周长军，徐嘎.量刑基准论[J].中国刑事法杂志，2007(2)：3-12.

辑推演最终确立具体个罪的量刑基准点,应由高级人民法院主导量刑基准点的确定工作,其工作主要在于实证分析,专家只起辅助作用,在于对实证分析结果的逻辑推演①。姜涛认为量刑虽然是法官的刑罚裁量活动,但并不能建立在一种无根据的任意性之上,而是有着明确的限制以约束法官的自命不凡。因此,综合意义上的量刑基准应该成为中国量刑规范化改革的基本选择②。石经海认为为区别于根基性的刑罚正当化根据和指导性的量刑原则,量刑基准的概念应从量刑方法意义上界定为根据具体个罪的犯罪构成事实所确定的用作量刑时起始标准的刑罚量③。

而从最高司法机关颁布的指导性文件来看,21世纪初最高人民法院和少数地方法院开始通过项目研究的形式逐步试点和推行量刑改革问题。通过不断研究积累,从最高人民法院的《量刑指导意见(征求意见稿)》,到《人民法院量刑指导意见(试行)》《人民法院量刑程序指导意见(试行)》,再到最高人民法院、最高人民检察院、公安部、国家安全部、司法部联合发布的《关于规范量刑程序若干问题的意见(试行)》,以及新旧两版最高人民法院、最高人民检察院的《关于常见犯罪的量刑指导意见(试行)》等,这些文件极大推动了我国法院量刑制度改革,但其中蕴含量刑社会化的内容并不多见,或许这也与学界缺乏量刑社会化的深入研究有关。

正如塔塔教授所提到的技术兴起与量刑职业的消亡问题,我国学者也早有研究。武汉大学的赵廷光先生就是最早的探索者之

---

① 臧冬斌.量刑基准点的确定方法[J].政治与法律,2009(4):139-145.
② 姜涛.再访量刑基准——一个实体性的判断标准[J].当代法学,2011,25(4):41-46.
③ 石经海.论量刑基准的回归[J].中国法学,2021(5):284-304.

一。赵老师在倾毕生精力研究刑法学问题的基础上,出版了《中国刑法专家系统》《量刑公正实证研究》《辅助量刑系统》《论量刑精确制导》等代表作。特别是早年创导的电脑量刑系统现在看来具有特别的前瞻性。1993 年,赵老师开发了运用于刑事审判的"实用刑法专家系统"。这套系统被一百多家法院、检察院和律师事务所使用过。后来,赵老师一直把研究重点放在"辅助量刑系统"上。电脑量刑正是对刑法辅助量刑系统的俗称,赵老师潜心研究 14 年,于 2003 年研制成功[①]。

　　随着信息化时代的到来,特别是人工智能的应用,"电脑量刑系统"逐步迈入"智能辅助办案系统"新阶段。2017 年 5 月,全国首个"刑事案件智能辅助办案系统"在上海诞生,这个系统以大数据、云计算和人工智能为技术内核,在对上海几万份刑事案件的卷宗、文书数据进行学习后,已具备初步的证据信息抓取、校验和逻辑分析能力。四年后研发成功,成为国内外该领域的"领跑者"。该系统首创最全的证据标准、证据规则和办案指引体系;首创证据校验、审校系统;首创智能辅助审讯系统;首创智能辅助庭审系统;首创电子签章捺印系统;首创网上换押一体化平台;全国首次实现公检法司刑事办案信息数据的互联互通,一网运行;全国首次建成从打击犯罪到司法审判,再到改造犯罪的 AI 辅助办案工作链接。其全面构建了我国刑法确立的罪名在办案中常见的 102 类刑案的证据标准、证据规则体系,通过统一格式和统一标准,实现公检法

[①] 这套软件量刑的原理和标准是:在根据犯罪构成正确定罪的前提下,犯罪量刑情节是对犯罪者进行量刑的唯一根据。使用者针对具体案件确有的量刑情节进行评价并反馈给系统,系统再综合使用者提供的信息进行分析判断,生成量刑结果报告书。只要在运行"辅助量刑系统"过程中输入罪名、构成类型、量刑情节,以及对每个量刑情节的"重要性程度"和"具体表现"所作的评价,就可以通过系统的运算得出一个量刑建议及论证意见。

司各办案系统之间的互联互通,这些都具有划时代的意义①。有意思的是,塔塔教授以苏格兰运用 SIS 系统进行量刑决策,明显受到司法领导层发生变化的影响。因而,它的使用过于自愿,也太不确定,不会产生太大影响。与其把 SIS 想象成是"电脑来量刑",不如将其视为一个防御性的政治倡议。中国"电脑量刑系统"的发展现实会不会走这样一条老路值得进一步观察。

此外,在政策和制度层面,近些年随着我国宽严相济刑事政策的确立,以及近些年少捕慎诉慎押司法政策的推行,对刑事案件中被告人量刑从轻的影响非常大,在某种意义上其潜在的根据仍然可以挖掘到量刑社会化层面。然而,很多案件的从轻"交易"并不让当事人心服口服,这与量刑社会化的目的恐怕是矛盾的。在实践操作层面,检察机关的量刑建议具有很大的权威性,甚至有检察官提出,其量刑建议不违法就应该全部接受,这对法院的量刑权显然是一种挑战。这不仅凸显司法职能定位是否正确的问题,也是量刑职业化与社会化的突出矛盾。可以断言,如果我们只是继续停留在规范层面、技术层面来认识量刑的目的和意义,量刑的社会化过程最多也只是局限于司法个案向社会的延伸(如司法建议),

---

① 该系统因 2017 年 2 月 6 日中央政法委将"推进以审判为中心的诉讼制度改革软件"研发任务交给上海的时间节点而得名"206"系统。2016 年 10 月 11 日,中央《关于推进以审判为中心的刑事诉讼制度改革的意见》正式发布实施。中央政法委为使这项改革落地生效,有效防范冤假错案,作出了研发相配套软件的决定,并把这项任务交给了上海。如今,上海利用"206"系统办理刑事案件已成常态。截至 2020 年年底,公安机关累计录入案件 11 万余件,检察院批准逮捕 5.19 万余件,检察院审查起诉 6.04 万余件,法院收案 5.2 万余件、审结 4.69 万余件。另有数据显示,刑案办理质量大幅提升,办案瑕疵率几近为零。截至目前,全国已有多个省市均开展"206"系统应用的试点工作。随着其推广应用力度的加大和研发工作的持续深入,"206"系统的智能程度必将越来越高,学习能力越来越强、互联互通越来越畅、融合度越来越深、体验感越来越好。参见:"AI 辅助办案防范冤假错案成常态 上海研发推广'206'系统走出四年'天路'"[DB/OL].中国长安网,2021-2-5.

不摆脱思想对刑法条文的禁锢,量刑社会化过程就难以向前迈进,抛开空泛的法律社会化研究,未来的司法改革或许可以在这个方面显示出应有的活力和张力。

赛勒斯·塔塔教授的这本论著耗费了两位译者大量的精力,有些地方读起来还有些生硬甚至不畅,校译的责任自然不可少。同时也十分感谢塔塔教授将此书无私授权给我们出版。亦希望读者对本书翻译的不足提出批评指正意见。

目 录

第一章　量刑决策：解开谜团 ……………………………… 1
　第一节　为什么重新思考量刑研究和政策？ ………………… 1
　　一个永恒的谜团 ……………………………………………… 1
　第二节　量刑是一个社会性过程：三个关键品质 …………… 5
　　一、量刑决策既不神奇也不机械，它是解释性的 ………… 5
　　二、量刑是过程性的 ………………………………………… 6
　　三、量刑是表演性的 ………………………………………… 7
　　四、本书的结构 ……………………………………………… 8
　　本章参考文献 ………………………………………………… 9

第二章　量刑研究与政策：自主个人主义的推定 ………… 13
　导读 ……………………………………………………………… 13
　第一节　交锋中的两大量刑思想巨人 ………………………… 14
　　一、法律—理性传统 ………………………………………… 14
　　二、司法—防御传统 ………………………………………… 17
　　三、这两大传统有着相同的假设 …………………………… 22
　第二节　自主个人主义与"量刑宇宙" ……………………… 24
　　独立的自主的单独个体 ……………………………………… 26

第三节　法律与裁量权：法律规则和裁量权真的
　　　　是对立的吗？ ································· 27
　　强制与自由：自主的法官个人 ····················· 30
第四节　案件因素：自主单独实体 ····················· 38
　　一、"因素"的分析 ································· 39
　　二、"因素"的问题化 ······························ 42
第五节　结论和影响 ··································· 45
本章参考文献 ··· 46

第三章　量刑的社会性生成 ··························· 52
导读 ··· 52
第一节　裁量权与规则的二元对立是如何消解的？ ······· 53
第二节　"规则"和"事实"的不可分割性 ················ 57
　　一、魔鬼在"事实"中 ······························ 57
　　二、魔鬼在规则—事实的对话中 ····················· 58
　　三、"过程"在量刑决策中意味着什么？ ·············· 59
　　四、多罪案件 ···································· 60
　　五、罪犯的特征 ·································· 62
第三节　解释和问责是如何社会性生成的？ ············· 68
第四节　结论和启示 ··································· 71
本章参考文献 ··· 71

第四章　职业量刑者的工作：激活自主个人主义 ········· 77
导读 ··· 77
第一节　建立规则—事实的对话：量刑职业的作用 ········ 78
　　了解职业工作：理解的问题 ······················· 78

第二节　职业的概念 …………………………………… 79
　　一、特征模式 …………………………………………… 79
　　二、专有—控制模式 …………………………………… 80
　第三节　量刑专业人士的个性化工作 ………………… 84
　　一、职业责任话语中的自主个性化 …………………… 85
　　二、量刑对象的自主个性化 …………………………… 87
　第四节　结论 …………………………………………… 90
　本章参考文献 …………………………………………… 90

第五章　量刑界的人性化工作：个性化和规范化 …… 95
　导读 ……………………………………………………… 96
　第一节　职业界限 ……………………………………… 96
　　跨职业竞争和量刑工作的划分 ………………………… 96
　第二节　彰显合法性：培养"理想的"当事人 ………… 98
　　人性化工作要求接受自主的个人责任 ………………… 99
　第三节　职业间的脱节如何培养出"理想的"被告人？ …… 110
　　一、时间分离？ ………………………………………… 112
　　二、相互的盲目性 ……………………………………… 113
　第四节　结论 …………………………………………… 116
　本章参考文献 …………………………………………… 117

第六章　技术的兴起和量刑职业的消亡？ …………… 122
　导读 ……………………………………………………… 122
　第一节　技术和职业裁量权的消亡？ ………………… 123
　第二节　量刑信息系统的起源与发展 ………………… 127
　　一、设想和描述案件的相似性 ………………………… 128

二、公众获取和利用信息向公众宣传量刑实践? ………… 129
　　三、用户的灵活性 ………………………………………… 130
　　四、移交法院 ……………………………………………… 130
　第三节　苏格兰的SIS故事意味着什么? ……………………… 132
　　一、司法量刑者正在失去对技术理性工具的控制? …… 132
　　二、一个防御性的政治倡议? …………………………… 133
　　三、SIS结果的不确定性 ………………………………… 133
　　四、自愿使用 ……………………………………………… 134
　　五、满足司法需求 ………………………………………… 135
　　六、SIS等技术是否使判决去人性化? …………………… 136
　　七、量刑者现在仅仅是意义的消费者而不是创造者吗?
　　　………………………………………………………………… 139
　第四节　镜像：新刑罚学启发的文学传统与法律—理性传统
　　……………………………………………………………………… 140
　第五节　结论 …………………………………………………… 141
　本章参考文献 …………………………………………………… 142

第七章　研究和政策的新方向 …………………………………… 147
　导读 ……………………………………………………………… 147
　第一节　放松对所谓的自主个人主义的控制 ………………… 148
　第二节　量刑研究和政策现在应该做什么? ………………… 150
　　一、一种对规则、事实和裁量权的解释性研究方法 …… 150
　　二、重新思考"效率"的含义 …………………………… 154
　　三、研究被告人的经历 …………………………………… 159
　　四、谦抑和恰当 …………………………………………… 162
　第三节　结论和进一步问题 …………………………………… 168

本章参考文献 ········· 170

附录1 辩诉交易世界中的悔罪和量刑 ········· 176
第一节 抱歉,但悔罪有什么用? ········· 176
一、探求"真实的"悔罪 ········· 177
二、专业人士对真正悔罪的寻求 ········· 179
第二节 悔恨和权宜之计的悖论 ········· 180
一、合法性和辩诉交易的问题 ········· 184
二、悔罪和辩诉交易的游戏策略 ········· 186
第三节 在辩诉交易的世界寻找悔罪 ········· 189
一、被告的矛盾心理 ········· 191
二、策划悔罪的表演? ········· 194
三、对合法性讨价还价? ········· 196
第四节 结论 ········· 198

附录2 通过量刑前调查报告来减少监禁刑?
——为什么"出售监禁替代方案"的准市场逻辑会失败? ········· 201
第一节 刑前报告在减少监禁判决方面的作用 ········· 202
失望和沮丧,没有更大的影响力 ········· 207
第二节 销售和消费报告 ········· 207
第三节 消费主义逻辑中的报告质量 ········· 210
一、消费报告 ········· 211
二、(司法部门)消费者"真正"想要什么? ········· 214
第四节 结论 ········· 218

第一章
量刑决策：解开谜团

[摘要] 大量的学术研究和改革工作一直致力于解决量刑决策存在的"问题"。然而，量刑决策本身仍然是一团谜。本章认为，这一领域的主要问题是：要么急于规定应如何进行改革的解决方案，要么否定改革的必要性。然而，急于宣布规范性解决方案，阻碍了对日常量刑工作现实的深入理解。量刑学术和政策思维主要由笼罩在法律形式主义的阴影下运作的假设所主导，并被一个更广泛的自主个人主义范式所涵盖。相反，将量刑重新定义为一个社会性过程，可以使决策得到更深层次的概念化，从而为可能的改革提供更坚实的基础。三个关键品质表明量刑是一个社会性过程：第一，量刑工作不可避免地是解释性的。第二，量刑决策实际上不是由法官个人独自决策的单一时刻，而是由从业者共同参与的一系列过程。第三，量刑过程是由角色和理想的表演生成的。

[关键词] 量刑研究　量刑改革　裁量权　司法决策　刑罚

第一节　为什么重新思考量刑研究和政策？

一个永恒的谜团

　　量刑是每个人都可以说上几句的话题。作为法律中最公开可见的活动,刑事司法实践的日常现实旨在处以刑罚。量刑决策的性质影响着刑事司法实践的方向和随之而来的公共支出(例如警务、起诉、提供法律援助、监禁的使用、社区刑罚等方面)。

量刑的工作似乎既有文化反思性,也有教育意义:它表达了关于伤害、权威和社区的观念。它可能会提供情绪的化解和宣泄方式,也可能是有辱人格的。因此,量刑不仅仅是当下任何一个案件的官方裁决。正是"日常生活中这种惩罚性和制度化的实践,最有助于创建一个特定的意义框架"(Garland 1990:255)。每个人都能感受到量刑,并且在某种意义上都有资格谈论它,尽管他们可能会欣然承认拿不准知识来源(例如 Anderson 等人 2002;Hutton 2005;Roberts 和 Hough 2005)。它不仅仅是技术上的,而且是传递情感冲动和共享社会意义的导体(如 Daems 2008;Garland 1990、2001)。虽然可以理解,许多学术工作都是为了保护它免受无知的民粹主义惩罚(例如 Gelb 和 Freiberg 2008),但量刑发挥着重要的民主作用,使人们有机会讨论、交流和辩论法定暴力(刑罚)的合法性问题。从某种意义上说,量刑是法律最明显和最具吸引力的代表。也许正是因为这个原因,在大多数国家,量刑一直是一个重大改革计划的主题,或者至少掀起了改革必要性的辩论。

关于量刑,特别是量刑的改革,尽管有大量的学术和政策工作,但量刑决策本身仍然"神秘莫测"。改革的技术和方式已经做了尝试,而它们的功效却备受争议(如 Ashworth 2013;Padfield 2013;Tonry 2016;Tonry 和 Frase 2001;Reitz 2013)。成功仍然遥不可及。例如改革者早期希望通过量刑改革找到减少使用监禁的方法,但充其量只能说取得了有限的成功,他们的壮志不得不搁浅(如 Ashworth 2017;Tata 2013;Tonry 2016)。这是为什么呢？

关于量刑应该做什么(或不应该做什么)的辩论是如此激烈和令人忧虑，以至于对该决策的现实的理解一直陷于规范的死胡同。由于急于给认为的问题设计规范的解决方案，占主导地位的学术话语忽视了对实际量刑实践的严肃思考。尽管改革者进行了复杂的规范性工作，怀疑论者也做出了有价值的回应，但我们对量刑决策如何运作的理解仍不充分。对决策的描述是通过对应该做什么——或者在更保守的情况下不应该做什么——的规范性关注来构想的。讽刺的是，实际结果是改革的处方(或对改革必要性的否认)只能建立在一个摇摇欲坠的基础之上。

本书认为，现在是时候重新思考我们如何构思和描绘量刑决策。享有所有权(property-owning)的自主个人主义是进步主义改革者和保守派的核心隐喻。第一，它揭示了量刑是自主个人行为集合的产物这个比喻，是如何在决策实践的学术和政策概念中再现的。第二，这种假设的自主个人主义被投射到一个想象中的更广泛的"宇宙"中，并被再现出来，这个宇宙由独立的量刑"事物"构成：一个假定由自主的个体实体组成的宇宙(例如规则、事实、因素、决策时刻、技术等)，每个都有其固有的属性。改革者和保守派都按照假定的自主个人主义的隐喻运作，其中私有产权的概念起着核心作用。第三，本书揭示了这种拥有财产权的自主个人主义(这本身就是一种社会建构的理念)是如何投射在专业的量刑工作中并如何延续下去的，这一工作将本质上自主的量刑对象的罪责个性化。第四，职业者个人必须担负不可承受的重任，即以逐案的方式承担解决长期社会问题的后果。第五，在没有任何控制性思维的情况下(实际上，正是因为它的缺乏)，通过人性化(例如从宽量刑)、个人化的工作、不同职业的独立工作这三者的共同协作，既实现了案件的快速处理,又产生了"理想的"①罪犯类型。

然而,这种以自主个人主义(这本身就是一个社会建构的"自然"秩序体系的概念)为基本前提的量刑主导概念,忽略了关系型自我的现实(如 Nedelsky 2011)。量刑行为者(包括被认为是决定因素的"事物")并不是自身具有内在意义和属性的自我控制的独立力量。相反,行动、意识和身份必然是依靠并通过关系来相互关联与完成社会性的建构的。只有在这种物质性的关系中,意义才开始有意义。认识到这一点,我们就可以开始重新审视量刑,它不仅仅是各部分的总和。

本书通过将量刑决策视为解释性、过程性、关系性和表演性的,来摆脱占据主导地位的自主个人主义范式。如此就可以设想新的研究路径,无论是对量刑,还是对更广泛的职业决策和自由裁量的决策的研究。这也意味着改革(或保守)的追求可以建立在坚实的基础上。认识到决策本质的社会特征,使我们能够勾勒出新的议程,例如试图减少对监禁的使用并重新思考"效率"的含义。

这一概念推动我们超越只考虑量刑的"情境"的思维。"情境化"方法可能比形式主义的方法向前迈进了一步,但它仍然将决策视为一种个人主义的活动。"情境化"方法倾向于将按照独立的官方规则工作的独立的法官个人②作为起点,尽管这是以一些对个人来说是"外部性"的因素为基础的。我们不需要从在外部背景或环境中活动的个人开始,而是从认识到每个人和每个"事物"都是相关的开始。

尤其是三个推论因此得出。

---

① 译者注:理想的罪犯是指作有罪答辩的被告人,他们既可以让法庭尽快结案,又能彰显审判的合法性。

② 本书一般使用"法官"(judge)一词来涵盖许多不同的术语,例如,治安法官(magistrate)、苏格兰的郡法官(sheriff)、英国和美国某些地区的刑事法院法官(recorder)等,这些术语表示不同司法辖区中的司法官员。

第二节　量刑是一个社会性过程：三个关键品质

量刑是解释性、过程性和表演性的。为了激起读者的兴趣，我将简要地概述我所说的量刑的解释性、过程性和表演性的含义，因为这些是我关于"量刑是一个社会性过程"的命题中反复出现的主题。

一、量刑决策既不神奇也不机械，它是解释性的

占主导地位的、以改革为导向的量刑学术和政策思维的观点认为：这些刺激的意义是不言而喻的。这些自主的个体刺激的聚合，被认为会引发一种以量刑结果为形式的反应。因此，挑战在于识别和隔离对反应（即量刑结果）有最内在影响的个体刺激（例如规则、自由裁量权、事实和因素）。尽管更为复杂的理论主张可以安排、集中和组合这些不同刺激的方法，但最终它们还是被看作本质上自主的、独立的个体信息片段（如 Bagaric 和 Wolf 2018；Lovegrove 1989、2008；Pina-Sánchez 2015；Spohn 2002：79 – 130；Steffensmeir 和 Herbert 1999）。人们认为量刑程序是（或至少应该是）由理性决策的线性逻辑中的一系列自主的独立步骤组成的。但那些急于阻止改革进程的人，通过否认明智的法官个人解释决策的可能性、甚至是可取性来阻止改革（如 Brown 2017；Franko Aas 2004、2005）。然后，我们就看到两种方法，一种方法试图对量刑进行分析建模，被指责将量刑视为一种机械操作，另一种方法被指责把量刑当作变魔术。

相反，我们应该认真对待量刑从业者更密切关注"情境"和"整

个案件"的诉求：量刑中的所有信息的意义都是相互关联的。规范性学术可能会得出单个信息的明确的本质(例如一个特定的"因素")。然而,在决策的日常运作中,"因素"具有不可避免的不稳定性和不可逆转的偶然性。因此,试图抽象单个信息片段会导致决策虚假和机械的印象。解释性的方法将我们的注意力集中于研究,通过形式上可能是分离的信息之间的联系而产生实际意义。这需要关注意义的产生和作为日常活动的意义的交流;(通常是隐含的)代码、线索和提示之间的相互作用。一旦这样,我们就可以认识到,解释是依靠并通过一个创造意义的协作过程而显现的。

二、量刑是过程性的

正如研究可能关注明显不同的信息之间的相互关系一样,它也必须关注时间上的相互连接。虽然量刑决策是一个正式宣判的时刻,但它是刑事诉讼程序中设定的先前议程的结果,例如警察的调查、检察官的起诉、答辩的决策和辩诉交易等。在这个过程中,案件必然会演变和转化(如 Emerson 1983；Hawkins 1992；Shapland 1981；Tata 2019)。从业者在正式宣判之前构建这些量刑议程,后来执行判决的人和他们一样(例如监狱管理人员、缓刑监督官和其他监督人员或与被判刑人员一起工作的人),将量刑的意义诠释为实践现实(Schinkel 2014；Hall 2016)。案件(和量刑)的意义通过信息的传输、过滤和编辑不断演变和转化。案件的意义是在建构和重构的"职业生涯"中浮现出来的。

因此,量刑是一系列专业人员之间相互传递意义的隐性的协作活动。出于这个原因,我将用"职业量刑者"(sentencing professionals)和"量刑工作者"(sentencing workers)来表示其在这一过程中作出的更广泛的相互关联的贡献。

三、量刑是表演性的

量刑工作者(特别是专业人士,见第四章)相互沟通,从而与自己沟通。例如他们通过表演文化预期的职业角色和职业特征来实现这一目标。

说专业人士在"表演",并不意味着他们所做的是充充样子或都是假象。

第一,我们每个人都在扮演文化期待的角色:这就是成为社会动物的意义。社会的即时需求(Collins 2004)要求我们根据我们的角色和处境以合理的方式进行沟通(例如 Goffman 1967)。

第二,我们的表演比日常互动的规则在意义上要深远得多。我们不断地被要求扮演着我们应当扮演的角色,并根据这些角色互相进行评价。为了解释这一点,请考虑一下这个例子:学者们对社会生活中的性别差异的概念化,揭示了我们如何通过无数通常无意识和半意识的程式化的手势、语言适应、声音调节、举止、步态等来表现成为一个"真正的"男人、女人、男孩、女孩意味着什么(如 Butler 1990)。一个人如何站立、着装、倾听、说话、回应、手势、坐姿等都构成和创造我们的性别,即使我们想改变,我们也会发现很难改变我们不假思索的存在模式。同样,母亲和父亲怎么说、如何做,才能扮演一个"恰当的母亲"和"真正的父亲"? 因此,认为"表演"是一种伪装,是假定了一种先入为主的非社会化的概念,认为人本质上是独立的个体,他们只是出于工具性的原因才选择走到一起。正如我们将看到的,这种形象被深深地嵌入关于自由和行动的标准的自由主义思想中,成为表达经验性描述的镜头语言。然而,社会性的要求是如此根深蒂固,以至于它们是自我构成性(self-constituting)的。在社会构建的自我内部或外部,没有一个独特个体的"真正的"本质。这本质上既不"好",也不"坏":它只是社会生活中无可逃避的事实。

第三,专业人士面临着超出社会普遍可接受的行为要求的额外义务。专业人士必须有一种与社会其他成员不同的、更明确的、更自觉的方式学习:专业沟通的技巧、他们的特殊角色、受众和影响力层级。例如如何表现出公正和权威(Roach Anleu 和 Mack 2017);例如他们必须学习"司法"行为或做"一个法律人"意味着什么:语气、肢体语言、举止、思维方式、说话、走路、站立等。

四、本书的结构

第二章发现量刑学术和政策思想存在两个主导性的与对立的传统。也就是"法律—理性传统"和"司法—防御传统"。尽管在激烈交锋,但事实上它们有着相同的假设和方式,认为量刑被假定的自主个人主义范式所统摄。这种范式投射出一个由相互冲突的、自主独立的实体组成的量刑"宇宙",每个对象都拥有自己不可剥夺的属性。这些所谓独立的对象包括:规则和自由裁量权、案件的事实和要素。我们将挖掘这种思想的根源:自由和强制的非社会化的概念,作为私有财产的自由裁量权,以及规则与自由裁量权的二元化所产生的特征。

第三章提出了一种超越非常明显的二元对立(例如规则与自由裁量权、加重因素与减轻因素、犯罪与罪犯)的方法,认为量刑决策是整体和直观的,但是可以解释的。通过强调社会化生产对案件的关键作用,我们可以反思研究(以及政策)如何通过使用"整个案件故事类型化"(typified whole case stories)来更好地理解多罪案件、犯罪—罪犯二元化等棘手的问题。对案件社会化生产过程的关注,也有助于对问责和说理进行更精微的理解。

第四章揭示了量刑职业人员的工作如何以两种方式将集体性的问题个人化。首先,长期以来社会问题的责任被委托给职业量刑者个人,他们被期待(并自我期许)在个案的基础上解决这些问题。其次,尽管毫无异议地承认社会情境的作用,但职业量刑工作鼓励刑罚对象与自主个人主义的罪责规范相契合。

第五章提出自主职业工作之间的脱节有助于"理想的"刑罚对象的产生。此外,职业领域间独立和自主的工作(例如法律和矫治相对)共生地运作,以实现被惩罚者与理想的一致性。然而,这并不依托深思熟虑、密谋策划或任何宏大的计划,而是由于职业工作的自主领域之间的彼此无视和相互脱节。

第六章考察了非专业化和用超理性的管理技术取代自由裁量权的主张。我认为这些主张往往依赖于对决策的一种非社会性的理解、形式主义的规则概念和实证主义的"信息观"。

第七章邀请读者反思"过程性"视角对政策制定和研究议程的影响。把我们从对改革问题的过度关注中解脱出来,使我们能够判别和重新评估限制我们思维的量刑和刑事司法研究与政策中的核心的二元关系,包括:一致性与个性化、工具性与象征性以及效率与正当程序。它使我们能够重新思考"有效性"问题,重新思考司法程序在再犯中的作用,刑事司法在减少再犯方面是如何以及为何如此无效(或者换句话说,非常有效地"再造"了它的当事人)。尔后,根据量刑所能达到的限度和它的优点,我们可以开始着手新的研究议程,也可以制定新的规范性议程(如减少对监禁的使用)。

本章参考文献

Anderson, S., Ingram, D., & Hutton, N. (2002). *Public Attitudes Towards*

Sentencing and Alternatives to Imprisonment (Scottish Parliament Paper 488 session 1 HMSO).

Ashworth, A. (2013). The Struggle for Supremacy in Sentencing. In A. Ashworth & J. Roberts (Eds.), *Sentencing Guidelines: Exploring the English Model* (pp.15 – 30). Oxford: Oxford University Press.

Ashworth, A. (2017). Prisons, Proportionality and Recent History. *Modern Law Review*, 80(3), 473 – 488.

Bagaric, M., & Wolf, G. (2018). Sentencing by Computer. *George Mason Law Review*, 25(3), 653 – 709.

Brown, G. (2017). *Sentencing as Practical Wisdom*. Oxford: Hart Publishing.

Butler, J. (1990). *Gender Trouble*. New York: Routledge.

Collins, R. (2004). *Interaction Ritual Chains*. Princeton: Princeton University Press.

Daems, T. (2008). *Making Sense of Penal Change*. Oxford: Oxford University Press.

Emerson, R. (1983). Holistic Effects in Social Control Decision-Making. *Law & Society Review*, 17(3), 425 – 456.

Franko Aas, K. (2004). From Narrative to Database: Technological Change and Penal Culture. *Punishment & Society*, 6(4), 379 – 393.

Franko Aas, K. (2005). *Sentencing in the Age of Information: From Faust to Macintosh*. London: Glasshouse Press.

Garland, D. (1990). *Punishment and Modern Society*. Oxford: Clarendon Press.

Garland, D. (2001). *The Culture of Control: Crime and Social Order in Contemporary Society*. Oxford: Oxford University Press.

Gelb, K., & Freiberg, A. (2008). *Penal Populism, Sentencing Councils and Sentencing Policy*. Cullompton: Willan Publishing.

Goffman, E. (1967). *Interaction Ritual*. New York: Anchor Books.

Hall, M. (2016). *The Lived Sentence: Rethinking Sentencing, Risk and Rehabilitation*. London: Palgrave Macmillan.

Hawkins, K. (1992). The Use of Legal Discretion: Perspectives from Law and Social Science. In K. Hawkins (Ed.), *The Uses of Discretion* (pp.11 - 46). Oxford: Oxford Socio-Legal Studies Clarendon Press.

Hutton, N. (2005). Beyond Populist Punitiveness. *Punishment & Society*, 7(3), 243 - 258.

Lovegrove, A. (1989). *Judicial Decision-Making, Sentencing Policy and Numerical Guidance*. New York: Springer.

Lovegrove, A. (2008). A Decision Framework for Judicial Sentencing: Judgment, Analysis and the Intuitive Synthesis. *Criminal Law Journal*, 32, 269 - 286.

Nedelsky, J. (2011). *Law's Relations*. Oxford: Oxford University Press.

Padfifield, N. (2013). Exploring the Success of Sentencing Guidelines. In A. Ashworth & J. Roberts (Eds.), *Sentencing Guidelines* (pp. 31 - 51). Oxford: Oxford University Press.

Pina-Sánchez, J. (2015). Defifining and Measuring Consistency in Sentencing. In J. V. Roberts (Ed.), *Exploring Sentencing Practice in England and Wales* (pp.76 - 92). London: Palgrave.

Reitz, K. (2013). Comparing Sentencing Guidelines. In A. Ashworth & J. Roberts (Eds.), *Sentencing Guidelines* (pp.182 - 201). Oxford: Oxford University Press.

Roach Anleu, S., & Mack, K. (2017). *Performing Judicial Authority in the Lower Courts*. London: Palgrave.

Roberts, J., & Hough, M. (2005). *Understanding Public Attitudes to Criminal Justice*. New York: Open University Press.

Schinkel, M. (2014). *Being Imprisoned*. London: Palgrave.

Shapland, J. (1981). *Between Conviction and Sentence: The Process of Mitigation*. London: Routledge & Kegan Paul.

Spohn, C. (2002). *How Do Judges Decide?* London: Sage.

Steffensmeier, D., & Hebert, C. (1999). Women andMen Policymakers: Does the Judge's Gender Affect the Sentencing of Criminal Defendants? *Social Forces*, 77(3), 1163 - 1196. Tata, C. (2013). The Struggle for Sentencing Reform. In Ashworth & J. Roberts (Eds.), *Sentencing Guidelines* (pp.236 - 256). Oxford: Oxford University Press.

Tata, C. (2019). "Ritual Individualization": Creative Genius at Sentencing, Mitigation and Conviction. *Journal of Law & Society*, 46(1), 112 - 140.

Tonry, M. (2016). *Sentencing Fragments*. Oxford: Oxford University Press.

Tonry, M., & Frase, R. (Eds.). (2001). *Sentencing and Sanctions in Western Countries*. New York: Oxford University Press.

第二章
量刑研究与政策：自主个人主义的推定

[摘要]量刑学术和政策思维主要由两个尖锐对立的阵营之间持续的角力所主导:"法律—理性传统"和"司法—防御传统"。根据各自对改革问题的规范性关注，它们分别对决策作了经验性的描述。然而，尽管它们在规范上相互对立，或者也可能正是因为如此，但实际上它们在量刑问题上有着同样的公认的世界观。这种世界观是通过推定自主的、拥有所有权的个人主义的视角来看待的，它想象量刑是由相互竞争的自主实体组成的，每个实体都拥有其不可剥夺的属性。在揭示了这些假设之后，本章认为，虽然人们普遍认为规则和自由裁量权之间的对立在抽象分析时是有道理的，但一旦我们审视日常实践，对立就会消失。本章揭示了这种规则—自由裁量权二元性的根源：自由和强制的去社会化的和性别化的所有权概念。

[关键词]量刑研究　量刑改革　案件事实　性别与裁量权　性别与法律　规则与自由裁量权

导读

　　第一节概述了量刑学术和政策思维的两大传统。"法律—理性传统"和"司法—防御传统"的相互对立主导了研究与政策的格局。但是第二节提出，作为学派，尽管在改革问题上存在激烈的分歧，但事实上它们有着相同的经验假设，反映并投射到一个假定的自主个人主义的"宇宙"中。第三节考察了两个所谓的独立实体之间的竞争：官方规则与自由裁量权。探究两者在日常实践中是否真的如此不同，我们将挖掘出这种思想的根源，即自由和强制的去社会概念，自由裁量权被视为个人的财产，以及规则与自由裁量权的二元化。第四节揭示了案例是如何被认为是由自主独立的个体刺激组成的，揭示这种分析性思维背后的假设。第五节作为结论，论证了自主个人主义传统的替代方案。

第一节　交锋中的两大量刑思想巨人

量刑的学术研究和政策思想主要是两个巨大传统之间的对垒。我称它们为"法律—理性传统"和"司法—防御传统"。尽管陷入激烈的缠斗，但我将阐明，实际上它们的分歧被过度夸大，因为它们有着相同的量刑本体论。

这两种传统都植根于一种以法官为中心的自主个人主义范式，即一个独特的、独立的个体，他生而自由，除非"他的"自由受到外部干扰。这种范式进一步反映并通过由自主的、独立的实体组成的更广泛的量刑宇宙的概念来维持（例如因素）。每个实体被描述为虽然相互竞争和碰撞，但本质保持不变。让我们首先概述一下这两个传统。

一、法律—理性传统

一方面，呼吁量刑改革的先锋者，是我称为的推动量刑学术和改革的"法律—理性传统"。这是由大多数(但不是全部)量刑法和刑罚学学者推动的(如 Ashworth 2015；Bagaric 和 Wolf 2018；Chanenson 2005；Chiao 2018；Freiberg 2014；Frase 2012；Henham 1997、2014；Lovegrove 1989、2008；MacKenzie 2005；Miller 1989；Padfifield 2012；Roberts 和 Harris 2017；Tonry 2016；Tonry 和 Frase 2001；Von Hirsch 等人 1987)，得到大多数量刑研究人员(如 Pina-Sánchez 2015；Steffensmeier 和 Herbert 1999；Spohn 2009)，以及改革机构、少数法官和从业者(如 Frankel 1972；Marcus 2005；Roberts 和 Cole 1999)的支持。

所谓"法律—理性传统"，我指的是一种以对由法官个人人格化的国家权力的恐惧为主的量刑观。作为国家行为体，其自由裁量权本质上是可疑的。"法律—理性传统"的核心旨在通过发展更理性的量刑方法来推动进步的法律价值观(例如更充分和更真实的法律平等、获得正义等)。

这一传统的核心是两个基本原则：对"法治化"[①]的信仰和对透明度的信仰。它们是推动这一传统的研究和政策改革思想的引擎。

1. *法治化*

通过对法治价值观的倡导，法治化被理解为确保结构化的、开放的和理性的决策，在决策中实现法律平等(包括一致性)和可预测性。对于"法律—理性主义者"来说，裁量权会导致武断的、秘密的或神秘的、混乱的和不均衡的决策，最终导致国家暴政。

---

① 法治化所倡导的对法律规则的观点包括：决策的非人格化；在每个案件中发现真相；法律平等(包括在法律面前和法律内部的平等、个人与国家之间诉诸法律的平等、"公平竞争环境"或"武器平等")；挑战国家决策能力；公开、透明、说明理由和问责；基于事实合理地、逻辑地应用明确规则的决策。

坚持法治化需要有原则的推理、逻辑和连贯性。如果没有法律(作为官方的法律规则)的结构和限制作用,决策本质上将是自由的、不可预测的、武断的和容易被滥用的。从 20 世纪 60 年代开始[1],刑罚学界和法学界一直站在批评量刑实践不成熟、不连贯和不一致的前沿(如 Ashworth 2015;Henham 2014;Lovegrove 2008),主张进行"法律—理性改革"来实现决策的体系化。在谴责美国"无法无天"的量刑状态时,Frankel(1972)以著名的且影响很大的方式将自由裁量的量刑观概括为"法律的荒野",导致"混乱"和"无政府状态"。Von Hirsch 等人(1987)呼吁在美国有原则地推进法治化,声称如果没有对规则的适当控制,"量刑模式在很大程度上显现出偶然性"。(1987:4)

对于"法律—理性主义者"来说,缺乏理智和原则上的"一致性"意味着裁决不是根据对刑罚原则逻辑应用的演绎,而是根据自主个体量刑者不成熟的、随机的倾向做出的。在一项开创性的研究中,Hogarth(1971:6)总结并推动了这一关注,他得出的结论是:"法官在处理量刑问题的方法上缺乏共识,这反过来又导致量刑实践的差异。"没有法律限制的自由必然导致第二个结果:决策中不合理的不平等的有害影响,例如在种族方面或其他方面不合理的不平等的对待(如 Hood 1992;Spohn 2009;Lammy Review 2017;Steffensmeier 和 Herbert 1999)。

2. 透明

"自由—理性传统"的第二个核心原则是对量刑公开解释的信仰(如 Bagaric 和 Wolf 2018;Chiao 2018;Miller 1989;Thomas 1963)。作为一项基本要求,透明度被认为是实现合理化的不言而

---

[1] 一些早期的研究包括,例如 Green(1962)和 Hood(1962)。

喻的必要条件。"法律—理性传统"认为,这不仅限制了国家的过度行为,而且决策也变得更加合乎逻辑和理性。通过对思想和观点健康竞争的信仰,知识得以发展。因此,对原因的解释允许对决策进行反思和质疑,由此法学变得更加理性化(如 Miller 1989;Thomas 1963;Henham 2014;Ashworth 2015)。

对量刑中自由裁量的司法决策的批评,使得法律—理性派学者谴责量刑是(或应当是)一种"本能"或"直觉和综合"的司法观念①。对于"法律—理性传统"的学者来说,这样的主张已经成为一颗"眼中钉",并且对于澳大利亚维多利亚州最高法院无所顾忌地为其辩护感到震惊,该法院似乎接受甚至赞同法律理性批评者所称的"非结构"和"无逻辑"的决策方法(Darbyshire 2011;Bagaric and Edney 2013,2017;Bagaric 和 Wolf 2018;Lovegrove 2008)②。

二、司法—防御传统

有一个同样悠久的司法传统,与这些规范性目标直接对立并且相互抵制。我称之为"司法—防御传统"③。它被视为对"法律—理性传统"要求的回应或批判。它反复强调的是法官个人的"智慧"和务实的良好判断力,而不是抽象的原则和证据(如 Brown 2017;Franko Aas 2004、2005;Tombs 2008)。

许多法官,但绝不是全部,和一些律师早就阐述了这一辩解(防御能力)。最激烈的情况是,这有时(而且相当含糊地)被称为

---

① R v Young V.R (1990);R v Williscroft (1975);Wong v The Queen (2001) (at 74-76)。
② 我将在第三章中更全面地阐述直觉和综合的概念。
③ 与"法律—理性传统"不同,"司法—防御传统"更加被认为是对改革的批判,而不在于推进任何完全清晰的、系统的方法。事实上,"司法—防御传统"倾向于回避宏观原则和系统论证的观念。

"个性化量刑",这个术语不仅强调单独处理每个案件的重要性("法律—理性传统"也没有否认这一点),而且还强调一些更绝对的东西。在"司法—防御传统"中,"个性化量刑"不仅仅意味着关注案件的特殊性,还主张案件间的不可比性,即每个案件都是完全唯一的,所以一个案件无法真正与另一个案件进行比较。因此,裁判决策应该交由法官的智慧,他充分了解每个案件独特的事实和情况。从这一点出发,关于案件间不可比性的主张认为不存在真正的一致性:每个案例都是完全独特、不可比的。如果从字面上看,这种说法既不合逻辑,又是虚无主义的。Hood(1962:16)在50多年前的作品中巧妙地揭露出它的自相矛盾性,尤其是当它不可避免地要求信任每个量刑者个人的经验时:

> 治安法官和法官经常利用先例进行裁决,并特别重视他们的量刑经验。现在,如果这种经验是有价值的,那么所有的案例都不可能是独一无二的,它们必须至少在某些方面具有可比性;即使大家都认可所有的案例在某种意义上都是独一无二的,这在量刑实践中也不是决定性的,因为量刑往往是借助"经验"做出的。

此外,"智慧"意味着并依赖于"经验"。事实上,"每个案件都是完全独特的"这一说法本身就存在矛盾。"案件"一词必然指某种更大的现象或类型的实例。与其从字面上理解这些关于案件间不可比性的陈述,不如最好把它们看作是夸张:这是宣扬一种值得称赞的愿景,即把人当作人来对待,而不是把人当作物品,或者是一个没有感觉的、单一的标准体系的合成物。案件之间不可比性的圭臬,可以更好地理解为一种讲述和提醒自己与法庭共同体所珍视的某些价值观的方式。

对每一位法官把每一个案件作为完全独一无二的来裁判的智慧持怀疑态度,并不是什么新鲜事。即使"法律—理性传统"的论点也同样适用于所有享有广泛裁量权的人,法官可能会对他们的决策需要更明确的"结构"加以约束这一命题感到被冒犯和被贬低①。对职业工作,尤其是司法工作来说,至关重要的是人们觉得这是一项非常私人的工作②,因此法官(和其他职业人员)很难不把它视为对个人的批评。毕竟,司法工作是一项自觉的公共服务和真诚的、个人私有的责任,在与良心搏斗后做出艰难的、有时近乎不可能的决定。

受"新刑罚学"启发的文献如何强化司法—防御传统

在过去的二三十年里,司法—防御传统于一系列犯罪学著作中找到了对法律—理性改革的抵制的共同原因(如 Frank Aas 2005;Tombs 2008)。受"新刑罚学"启发的文学作品所引发的焦虑和争论表明,量刑日益被技术理性的管理主义所支配和控制,其特点是不再关注个人。这些文献揭示了刑罚实践中的一个重大转变,即从基于福利的价值观和"旧刑罚学"对个体的关注,转向越来越重视风险技术,也就是说,决策基于与案件特征的统计性关联,并在合理性监督下精算得出。据说,越来越多新的风险和管理逻辑正在主导司法判决。管理主义以主观推理为代价展露出令人担忧的发展前景,司法—防御传统在犯罪学的浇筑下找到了复兴之路,不再陷入管理主义式的反乌托邦。

---

① 参见第四、第五章有关"量刑职业"工作的内容。
② TH Marshall 关于专业的经典文章指出了专业人士"给予自己"强大而持久的感觉(见第四、第五章)。

刑罚学工作为理性计算和管理主义技术的不断发展而感到忧虑，同时关注并受到"新刑罚学"机械化和非个人化趋势的启发，重新表达了对（新形式的）权力的恐惧。虽然这项工作的大部分都集中在刑罚的一般特征变化上（如 Garland 2001；Feeley 和 Simon 1992、1994），但也有一些集中在司法量刑上，这引发了人们对这些逻辑的兴起的忧虑（如 Franko Aas 2005；Tombs 2008）。

这种批评并不是针对赋予法官个人的明确的公共权力，而是针对存在于未经审查的管理系统、监督程序和机制中的权力，这些权力似乎在更加普遍地削弱自由裁量权和专业判断。尤其令人担忧的是，司法化和合理化会导致机械问责，不公正的统一掩盖了实质性的不平等，以及其他独特的个别案件的去个性化（如 Franko Aas 2005；Stith 和 Cabranes 1998；Tombs 2008）。

其中，最主要的目标是《美国联邦量刑指南》（*US Federal Sentencing Guidelines*），许多人批评该指南是一种机械的、非人性化的伪理性。事实上，人们认为它的量化和阶段性方法会加大惩罚力度（如 Stith 和 Cabranes 1998）。量刑者必须对罪行的严重性和罪犯的犯罪史"评分"，尽管该指南引起了全世界的广泛关注，但是其没有被其他国家复制，现在确实是仅供法官参考、自愿适用的。然而，尽管受到许多法律理性学者的批评，但该指南已成为机械技术和非人性化管理主义带来的全球惩罚性上升的象征。与此同时，有人认为还产生了其他相关现象，包括风险评估、量刑信息系统和数据库；非专业化以及减少量刑职业人员的自由裁量权，包括法官（Brown 2017；Franko Aas 2004、2005；Perry 2007；Tombs 2008）、律师（如 Newman 2016；Welsh 和 Howard 2008）和缓刑官（如 Anninson 和 May 1998；Mawby 和 Worrall 2013；更概念化的解释参考 Roach Anleu 1992）。

一些刑法学者受到 Foucault 思想的启发,非常关注这一发展,他们认为,提取和抽象以往隐性的专业知识的能力是一种新的威胁。通过显化知识,将其标准化、可移植化,并从独特的个体案例中抽象出来:"有些知识无法传播,因为拥有它的人认为它是不可让与的"(Franko Aas 2005:55)。Franko Aas(2005:61)对这种知识的解释勾勒出一幅不祥的画面:

> 思维过程,曾经是独一无二的,现在变得外部化,然后下一步是标准化……标准化不仅仅是一个技术项目,也是一个政治项目……许多法官……坚持认为,他们通过多年的经验获得的法律知识和个人知识不能独立于拥有这些知识的人而被外在化和传播……脱离肉身的信息可以跨越时空传播。

司法—防御传统的其他倡导者虽然不是从监狱学的新视角来写作,但他们欣然同意真正的知识只能是隐性的、不明确的、内在的:由个体拥有而无法从中恰当地提取出来。Brown 从与量刑人员的访谈中得出结论:毫不奇怪,他们"不赞成立法限制他们的自由裁量权"(Brown 2017:232),因为这"使我们能够向那些生活中积累了实践智慧的人学习"(Brown 2017:227)。再如 Franko Aas (2004、2005)所述,智慧是不可剥离的,是量刑者固有的个人特质。

与法律—理性传统自觉的进步主义的抱负相反,司法—防御传统并不寻求提供任何形式的系统性改革方案。相反,鉴于其对雄心勃勃的改革的怀疑,我们最好将其视为对法律理性改革项目中可能的过度行为的一种有益的纠正。它可以被认为是一种提醒,提醒人们注意看似进步的改革的弊端。例如:系统化的冲动可能以牺牲个体差异为代价;理性的力量很容易抛弃人性和情感的价值;系统对案件快速处理的永无止境的渴望牺牲了人与人之间的沟通;效率可能不会将个体的独特需求放在心上。同样,法律—理性传统也指出了司法—防御传统的不足。

这样说来,我们可以看到,尽管两种传统的量刑思维方式在规范上是相互对立的,但实际上只有在相互对照中它们才有吸引力。它们是对彼此的回应和批判,被锁定在两种永恒的冲动中进行相互矛盾的永久的战斗:统一性与差异化;机械化与自发性;变化与维护。两者相互依存。如果对法律—理性传统的研究闻所未闻,那么就没有必要对司法—防御传统进行怀疑和批评,反之亦然。

然而,尽管这两种认知在规范上相互对立,事实上更准确地说,正因其相互对立,所以在量刑方面有许多相同的未经检验的经验假设。它们只是在哪些特性是好的、哪些特性是坏的方面存在分歧。

三、这两大传统有着相同的假设

尽管存在分歧,但这些传统对刑事自由裁量权的经验特征有一系列共同的假设,这些假设植根于特定的认识论和本体论惯例。在许多方面,法律—理性传统和司法—防御传统(包括受新刑法学启发的量刑文学)代表了自由主义的不同侧重点。它们是彼此的镜像。关键的区别在于对规范性:一方认为好,另一方认为坏。它们都在寻求一种"平衡",但只是对于应该在哪里取得平衡上存在分歧。这些假设体现在一系列二元对立中,这些对立在抽象上是有意义的,但在日常实践层面上进行更密切的实证检验时就没有意义了。

表2-1总结了两种方法共享一系列量刑二元划分的一些主要方式。

表 2-1 法律—理性传统和司法—防御传统：基于相同假设的规范性对立

两种传统	法律—理性传统	司法—防御传统
变革的观念	自上而下：以合法性为起点；官方政策和正式文书	自上而下：以合法性为起点；官方文书和管理
研究的关键起点	合法性；刑罚哲学；因素分析	合法性；官方政策声明和变化；官方和媒体话语
自由裁量权和规则	零和；自由裁量权的规范性危险	零和；自由裁量权的规范性利益
规则	平衡——需要更多/更好的规则；是（并且应该是）基于刑罚哲学原则；规则本质上是惰性的	平衡——需要更少的规则；太多规则导致超理性；规则本质上是惰性的
决策过程	法官个人是中心焦点；将给定事实作为因素分析；决策是并且应该是分阶段的、循序渐进的；法官通过刑罚哲学进行的智力认知过程并应加以解释，以促进公开、问责和透明化（规范良好）	法官个人是中心焦点；将事实交给法官；决策是分阶段的、循序渐进的（规范糟糕）；个人司法认知过程（良好）正受到对人类过程施加的政策/技术的威胁（规范不良）；对个人司法思维的解释是一个陷阱
一致性	由规则/原则产生；需要更强的一致性	由于过多不灵活的规则和统计关联而产生的一致性（虚假一致性）；失去独特的个性

也许是因为这两种传统方法都过于专注于它们的宿敌，几乎没有人思考它们关于量刑在现实中如何运作的共同假设。大多数

量刑研究都是围绕量刑改革或对量刑改革的批判而展开的,而没有对裁量性量刑决策的构思和研究进行反思。现在,让我们来发掘这两种对立传统的共同假设,这两种传统在量刑思想的"宇宙"中占主导地位。

第二节 自主个人主义与"量刑宇宙"

量刑决策的假设方式被映射在更广阔的世界观中并得到后者的支持。对人类自然环境的习以为常(不言自明)的文化观念,被简单地视为世界或宇宙的方式。从文化上讲,宇宙的一般理论,包括人类在其中的位置,一切都处于正确的位置。我们既有文化偶然性且特定的社会和政治假设被认为是存在即永恒。它们被认为是不受时间限制的、不可避免的和无法逃避的,构成了一个"宇宙统一体"(Douglas 1982)。例如,人类社会的本质反映在对宇宙中实例化的神圣特征的理解中并由其塑造,这些特征被认为是不可侵犯的,受到集体崇拜(Douglas 1966、1982;Durkheim 1912)。

法律—理性传统和司法—防御传统都有更广阔的世界观,或者我们可称为"量刑宇宙"。"量刑宇宙"是关于自然秩序中存在的本质、人类起源和目的以及不同活动(如惩罚)的位置的更广泛的形而上学的假设。它提出了关于知识特征的认识论思想以及关于存在的基本类别及其关系的本体论思想。社会建构的自主个人主义思想与西方自由主义的兴起密切相关,并由资本主义的兴起推动(Durkheim 1912;Weber 1922)。也许是西方社会占主导地位的政治和文化意识形态,在关于量刑的学术和政策辩论中得到了反映和再现。重要的是,自主个人主义作为能动和意识的不言自明的范畴,本身就是一种社会建构,正如其他跨越时空的文化,也会假定不同类别的机构和意识是不可避免的、不言而喻的和永恒的。

通过与自然的类比,构建的社会分类和信仰被"自然化"。Douglas(1986)认为,"合法化的社会群体"在其成员之间尽量减少不确定性,提高秩序和可预测性。关键在于,社会建构的思维方式在成员看来是正常的、合情合理的,最重要的是,它是自然化的:

> 类比是社会分类自然化的关键。我们需要一个类比,通过这个类比,我们可以在物质世界、超自然世界、永恒世界、任何地方,找到一组重要的社会关系的形式结构,只要它不被视为一种社会化的人为安排。当类比从一组社会关系到另一组社会关系,再从这些关系回到自然时,反复出现的形式结构变得容易被识别,并被赋予自我验证的真理(Douglas 1986:48)。

在"量刑宇宙"的自然秩序中,自主个体被视为一个显而易见的事实(假设事实)。宇宙不仅由看似自主的独立的个人组成,还被相互竞争的独立的力量(如规则和裁量权、各种独立的加重和减轻因素等)所占据。"量刑宇宙"反映并重塑了自我控制的自主个体之间竞争的自由主义意识形态,每个人都被认为拥有一套不可剥夺的个人属性。这些自主个体不仅拥有自己,还拥有自然。

在法律—理性传统和司法—御传统之间的主要争论中,自主个人主义的概念再次出现。它们是关于自主个人主义推定的争论,并且在其范围之内。即使它们出现在个人和集体(如"系统"

的辩论中,集体也只不过是自主个体实体的集合①。

将法律—理性传统和司法—防御传统所共有的传统量刑世界观联系在一起的中心线索是(量刑)宇宙的自主个人主义理念。这种由自主的单独实体组成的量刑宇宙的整体概念,似乎是宇宙不可避免的永恒方式的不证自明的自然反映。

独立的自主的单独个体

我们将讨论大多数量刑思想所假定的宇宙是如何由独立的、单独的、自我包含的实体组成的。每一个独立的个体都被认为拥有自己固有的、内在的和独特的特征,这些特征似乎以各自不同的方式影响着宇宙。它们可能会相互冲突,争夺主导地位,但这场竞争被认为不会改变它们:它们保留了其固有的、内在的和独特的属性。尽管相互作用,但它们作为自成一体的、独立的自治力量基本上保持不变。在对量刑的描述中,我们看到了自主的、拥有独立财产的个人主义的自由的概念②。每个自主的个体都拥有其属性(特性),每个人都在争夺所有权和支配权。

这些单独的实体是什么?它们对量刑都是重要的。它们超越(并结合)了西方理所当然的"人"与"物"的界限(Pottage 2004)。它们被描述为存在于一系列二元对立中:法律/规则与裁量权,独

---

① 例如,在不断重复的短语"独特的个案"中,结合了对自然生物世界的暗示。这意味着,法院审理的情况是在人为分类法(类型)中看到的自然规律性,并辅以一定程度的自然个体差异或"例外情况"的可能性。这样就有可能维持逻辑上自相矛盾的信念,即"每个案件都取决于自己的事实","每个案件都根据自己的优点来判断","每个案件都是独一无二的"。

② 虽然在法律上我们可能会评论到并争论人不是财产,但自我所有权的隐喻在文化上是自主个人主义比喻的核心。我们每个人作为自我拥有的实体的理念强化了"不干涉他人的界限",它表明我们每个人都是"有界限的、自主的和独一无二的"(Davies 2007:27)。

特的个案与适用于独特案件的原则,事实与法律,加重与减轻因素,犯罪与罪犯,理性与情感,等等。这种二元竞争指的是独立的、个人的和(似乎)自主的"事物",每一个都被认为是存在的,尽管相互作用,但本质上是内在的。

第三节 法律与裁量权:法律规则和裁量权真的是对立的吗?

在量刑学术和政策思维中,官方法律规则,无论是法定的、基于案例的、监管的还是指导方针,都被视为自由裁量权的对立面。它们是限制决策自由的同义词。如果没有法律规则来管理这种自由,人们就会认为决策是非结构化—无组织的、不受控制的、不可预测的、武断的,允许"法官之间的无政府状态"(Parent 1988:2-3)。在没有控制决策的规则的情况下,判决被认为是自我裁量的:自由和缺乏结构。

关于法律与裁量权之争,法律—理性传统与司法—防御传统之间唯一的分歧在于,法律规则和自由裁量权总体上是好是坏。如前所述,尽管这两种传统之间存在激烈的争论,但归根结底还是要在某处找到正确的"平衡"。法律规则和自由裁量权被简单地视为一种直接的权衡。更多的规则意味着更少的自由裁量权,反之亦然(如:Bagaric 和 Edney 2018;Brown 2017;Franko Aas 2004、2005;Frankel 1972;Hutton 1995;Lovergrove 1989、2008;O'Malley 2013;MacKenzie 2005;Spohn 2009)。

在这种表述中,自由裁量权被定义为一种不存在的空白、一个空间。不变的是,它总是由是否存在法律规则来定义的。只有在法律规则允许的情况下,它才会被视为存在。例如,用甜甜圈作比的妙喻:"自由裁量权,就像甜甜圈中的洞一样,没有环绕一圈的限制,留下的区域它就不存在……"(Dworkin 1977/1977:48)。

在这个比喻中,除非法律允许,否则自由裁量权根本不存在。法律"授予""允许""提供"自由裁量权。自由裁量权被定义为一个负空间。这是一处空白、一个漏洞、一个缺口。对自由裁量权和规则概念的依赖(如 Padfield 2012)引导法律学者发现了"漏洞问题"。漏洞是存在于合法性假设("理论"/"书本中的法律")和实践的经验现实("实践"/"行动中的法律")之间的差距。然而,如果预期法律规则是或应该是治理行为的主要手段,那么这种"漏洞"就仅仅是一个"问题"。如果假设法律规则是决定性的,那么其或多或少地直接控制决策行为,那就是出乎意料的。事实上,当通过法律—理性传统和司法—防御传统的司法视角来看待时,只有一个"差距",两者都与规则和自由裁量权相抵触。

两种传统所依赖的主流司法观念认为,如果量刑缺乏法律规则,那么它必须是自由裁量的、个人导向的,并且没有统一模式。因此,例如当法律理性派量刑研究者和改革者讨论"结构化、体系化、构建自由裁量权"的方式时,他们指的是用法律规则"驯服""过度"行使自由裁量权(如 Spears 2005)。自由裁量权没有明确的形式或大小,除非合法性允许这种形式并施加限制。司法—防御传统的倡导者并不质疑这种二元性,他们只是急于反对施加进一步的限制(即规则)。

这些是关于自由非此即彼的二元定义:要么有强迫,要么没有强迫;一个人本质上是自治的,除非存在国家的干预。这种二元思维回避了强迫和自由不是简单的、截然不同的二元存在状态,而是微妙的、动态的、相互构成的。没有人能脱离社会而存在。看似是个人自治的东西其实是集体社会活动的反映和构成：个人自治的概念本身是社会特有的、社会建构的。

同样，正如 Foucault 提醒我们的那样，权力比国家的命令更分散(Foucault 1977、1980)。他认为，权力越来越多地在一系列微妙的微观关系中扩散。在实证分析层面上，这可能使人们难以区分统一国家的正式主权命令与被视为理所当然的做法、程序、条例、守则、惯例和假定的行事方式之间的实际区别。让我们提醒自己，国家的正式法律几乎总是不确定的模糊的，其实际意义取决于其对特定案件的事实和情况的适用性。第三章的一个关键要旨是：法律（被视为强制）和裁量权（被视为自由）是相互依存、千变万化的，在不同的时刻、从不同的角度呈现出不同的形式。除了抽象的官方话语①，在实际的实践层面上，在我们本来可以称为"法律"和"自由"的东西之间往往没有明显的分界线：它们可能会合并，甚至看起来互换了性质，因此几乎不可能追踪它们：

> 通过更仔细的研究，我们发现自由裁量权和法律的区别主要在于，法律制度符合量刑决策的特定情况(Chase 2005：80)。

主要的量刑辩论集中在自由裁量权和规则之间的适当平衡点上。自由裁量权和规则处于零和博弈中，它们被视为平等和对立的力量。因此，自由裁量权和规则的优点之间的辩论尽管充满激情，但最终并不是源于原则的不同，而只是侧重点的不同。

因此，如果法律规则和自由裁量权只是抽象话语中的对立面，

---

① 尽管如此，将官方话语视为掩盖现实的无关紧要的东西是错误的。它是自己的思想和身份的认可。

并且如第三章所述在实践中相互构成，那么我们可能会问这种对立划分的观念来自哪里。毕竟，适用法律总是要行使裁量权，总是要解释个别即时案件的"事实"，并始终将规则和事实结合在一起。

强制与自由：自主的法官个人

这种与自由裁量权相对的二元法律体系反映了更广泛的自由主义政治、法律、社会和经济世界观。只要"个人自由"不受"他人自由"二元规则的干扰，那么"个人自由"就自然不受"他人自由"二元规则的干扰。在这个概念中，自由（自由裁量权是其中一个例子）被定义为国家的缺席。这是"甜甜圈上的洞"，一个自由的空白。自由被认为是在没有国家强制的情况下个人固有的自由。其他形式的权力（如财务、家庭、性别、日常社会关系）充其量被视为这个起点的次要因素。完全自由是每个人默认拥有的个人财产，一种几乎是上帝赋予的自然状态，除非它受到他人或国家的侵犯。自由裁量权被视为自由，被视为没有国家干预。在这里，我们可以开始看到，法律和自由裁量权的二元想象方式如何反映与再现了关于量刑和决策的政治、性别与经济思维模式。

（一）自由和强制的去社会化观念

当阐述这些观点时，我们可以清楚地看到，量刑学术和政策思考是由一种明显去社会化（自我中心）的强制与自由的概念所主导的。这不仅因为它是二元的，每一个都是以相互对立的方式定义的，而且它们承担并因此在日常话语中构成了一个主权个体的肖像（即理性，自主的法律人：例如 Naffine 1998）。主权个人的自由被认为是预先存在的，不受除他自己以外的任何人的塑造、影响或创造。在这种描述中，他是一个法律意义上的人，被设定存在于任何社会概念之前和之外(Naffine 1998)。虽然他可能受到"外部"社会动态的影响，但他与社会环境或"背景"的第二世界是分开的，并且在分析上是可分离的。个人被想象为预先存在的社会期望，或者实际上是日常社会义务的要求。人们拥有自由，自由与生俱来地存在于个人内部。任何不受国家强制力影响的人都被认为是自由的。因此，权力被降低为一个狭义的定义，专注于国家对原子化个体自治的干扰。他不受国家控制：拥有自己，能够签订合同将自己拥有的劳动力出售给他人，自由出售劳动力。

（二）自持的个体

在社会之前就存在的个人是自然的起点，这一观念在法律与政治理论中得到确立和阐述。这些理论重新构成了前社会和前国家的人的观念，并将其合法化为自然（参见 Pateman 1988；Naffifine 1998：脚注 64）。例如，社会契约理论通常被视为一种思维策略，用于解释和合理化个人如何以及为何确实应该接受生活在社区中的需求（如 Rawls 1971）。

这些理论装置，通常被称为"自然状态"，必须暂停所有社会现实，以便将人类剥离到想象他最赤裸裸的本质。这可能是在一些史前穴居人关于建立国家的神话中实现的，或者可能是某种荒岛情景假设。自然状态的工具让人联想到原始的过去（或荒岛式的思想实验），在这种情况下，自治的前社会和前国家个体必须决定合作或冲突是否符合他个人的自我利益[①]。尽管答案是合作与不同程度的个人主权汇集，但自由的起点被认为是自然自主存在的

[①] Rawls(1971)的"原始位置"假设，要求一个人想象自己"摆脱"所有社会特征和利益的偏见，更为激进。在这个主题中，一个人的社会存在可以被认为与个人理性分开。

前社会个体或后社会个体。自然状态的假设是暂停"主权"个体之间的竞争。因此,量刑研究倾向于将法官个人作为"自然"的主要出发点。只有作为次要步骤,其才可能在"背景"中考察法官个人,或在其"环境"中考察,因为其"环境"本质上是独立于法官个人之外的东西。"社会背景""周围"或"环境"不是从研究社会群体开始的,甚至没有认识到"个人"不可能预先存在于社会中,而应作为预先存在的个体的次要因素:对于确定的单一的、自足的个人来说是事后的考虑。正如我现在将解释的那样,私有财产的概念是这些观念的核心,特别是,自我是并且应该是有边界的和自我包含(self-contained)的(Davies 1999、2007;Naffifine 1998;Nedelsky 2011)。

(三)为自主法官个人所有的裁量权

在主流的量刑思想表述中,自由裁量权"属于"法律上要求做出决定的个人,即由自主的法官个人所拥有。我们使用所有格代词(他的或她的)谈论自由裁量权,事项"由法官自行决定",或"法官的法庭"等。将自由裁量权视为一种属于个人并由个人拥有的财产的观点,与自由主义和资本主义的更大的以财产权为核心的知识项目产生了共鸣,Blackstone(1766:2)的名言①:

> 没有什么比财产权更普遍地激发人们的想象力和吸引人类的情感;或者一个人对世界上的外部事物主张和行使的唯一的专断的支配,完全排除宇宙中其他任何个人的权利。

---

① 正如财产学者指出的那样,Blackstone 的观察经常被错误地认为是对这个想法的颂扬,他对此提出了质疑(如 Davies 2007;Schorr 2009)。

因此 Tay(1978:10)解释了财产在构成自主个体方面的中心价值:

> 财产是一个人有权不受干涉地使用和享受的;这使他成为一个人,并保证他的独立和安全。

人们能否说,自由裁量权对自主的法官个人的想法具有同样的图腾重要性(象征性、标志性)? 在几乎所有的学术和政策思考中,自由裁量权被认为是法官"唯一和专断的权力"。用 Tay 的话说,自由裁量权被认为是法官有权不受干扰地使用和享受的裁量权;正是这一点使他成为一名法官,并保证了他的独立和安全。财产的观念是自主个人主义思想的核心。"财产是一种(有限的、个人主义的、原子主义的)特定自我的定义性隐喻。……"(Davies 2007:116)。人格是"通过财产的隐喻,尤其是通过排他性的概念和归属于人的相应领土空间"来配置的(Davies 1999:336)。

因此,自主个人观念和财产观念在概念上是"不可分割的——财产隐喻界定了自我的边界,而人决定了财产的形态"(Davies 1999:336)。

(四) 财产在支持规则与裁量权二元化中的作用

我们可以看到,相对立的法律规则与自由裁量权的二元概念是如何反映并构成了现代西方自由经济、政治、社会和法律思想的核心思想。从封建主义到资本主义,从家庭义务到自由个人契约的转变,常常被称为一个解放的故事。自由和自治体现在独立自主的个人理念中。正如 Naffine 所解释的那样,这实际上是现代社会特有的一个假定的观念:"在中世纪,人们被认为是相互依赖的……(他们的社会角色)是由习俗分配的,而不是自愿选择的。"(Naffine 1998:195-196)。

个人财产的观念在法律、政治、社会和经济自由主义(资本主义)以及自由和强制的二元观念中起着核心的激励作用。自由的契约和同意,依靠"天生就拥有自己的财产,并拥有自我所有权的叙事"(Naffine 1998)。人类拥有和消费的财产被认为是外在的,在自我和事物之间有着明显的区别。因此,将自由裁量权作为财产的主张既是对个人自主权的主张,也是划分工作和责任领域的一种方式。私有财产的比喻是量刑过程中(所谓的)自主的、个别的要素的排他性的职业所有权的核心①。然而,具有讽刺意味的是,个人私有财产的概念本身必然具有相关性:

> 财产是指人与人之间就某一物品而产生的法律关系……描述人与人在物体之间的法律关系。财产权的援引意味着所有者行使对一件东西的控制,财产的标的物对抗世界其余对象,因此被排除在使用范围之外(Naffine 1998:197)。

正如 Naffine(1998)所解释的那样,财产的概念分为两类:"个人财产"(一个人拥有的东西)和"作为财产的人"。

除了拥有外部事物外,人格也需要自我占有:

> 自身的财产主张是对自我拥有和自我控制的断言,是将他人排除在自身存在之外的基本权利。这是一种使我自己个性化的方式……(Naffine 1998:198)

---

① 关于量刑专业的工作见第四、第五章。

为了实现自我拥有的观念，需要一种心灵/身体二元论，肉身被视为由空灵化身而成的心智所拥有。在这里，身体很容易被视为"他者"，被疏远和物化，好像它与自我分离一样（Davies 1999、2007）。通过揭示这种身心二元论的性别特征，我们很快就会看到，裁量权类似于其中的"身体"。

在这种对自由的描述中，自主个人主义对自由资本主义的意识形态和"契约社会"的崛起至关重要（Naffine 1998）。主张自由，反对奴隶制（讽刺的是，奴隶制为资本主义的兴起提供了资金）的恐怖，就是说一个人除非他①拥有自己和自己的财产，否则就不是真正的自由。在契约社会中出现的"人作为自我所有者"的观念仍然是人类自治的有力象征（Naffine 1998：199-200）。关于人际关系应该是怎样的争论很容易蔓延，使人认为人际关系的现实必须是怎样的。量刑思想的宇宙继续在这一遗产中运作：根据规范性论点阅读经验肖像。然而，我们必须扪心自问，即使我们同情自主个人主义的规范主张，它是否准确地描述了量刑的日常现实决策实践？此外，我们应该追问，拥有财产的自主个体这一比喻是如何呈现和重塑量刑思想宇宙的性别化——这是我们现在要讨论的问题。

（五）性别与规则—裁量权二元化

规则—裁量权二元化将合法性定位为主体和代理人。人造法（被视为官方法律规则）作用的对象是自由裁量权的客体。将法律视作代理人，是我们看待自由裁量权的无常性和无形性的出发点。

---

① 在这里特意用"他"这个词，不仅因为自由资本主义的兴起最初将女性排除在其自由之外，还因为其关于自由和胁迫、裁量权和规则的观念（我们将在下文中看到）具有深刻的性别差异。

这些二元对立与社会赋予的性别特征和"人类性别行为的假定标准"相对应,并将其投射出来(Naffine 1994:11)。例如,私有财产的概念如何成为自立的、自主的个体男性自我拥有女性对象的概念的核心,就是一个例证。正如我们所看到的,私有财产的概念反映并支持了自由裁量权的概念,并证明了独立的、独特的、去社会化的个人量刑者的概念是正当的。正如 Davis(1999:329)所观察到的那样,社会雇佣关系,特别是那些围绕性和性别而组织的雇佣关系:

> 由财产关系构建并反映在财产关系中……例如,通过自我拥有的概念,财产呈现出典型的男性特征;但同时,财产的客体有时在结构上被称为女性,因为所有权人/所有物、主体/客体的区别在社会和认识论上都与男性/女性的区别相关。

换句话说,真正自由的人拥有排他的、领土性的统治。他个性独特、沉着冷静:自由主义者的所有特征在文化上都是男性的(Davies 1999; Nedelsky 2011)。他的财产就是他的领地,必须标明边界,封闭起来,不受掠夺者的侵犯。

合法性和裁量权的二元特征对应并构成了性别的特征。规则—裁量权二元论反映了性别的二元论,构成并支持自主个人主义。

表 2-2 显示了与 Naffifine(1994)所称的"占有欲强的异性恋的""情爱"相对应的对称性。这种占有形式深深地融入了浪漫主义和法律思想(尤其是关于强奸的法律),其特点是理想的独立主权、自我控制的男人通过占有女人来爱她。他"追求"她,"打破她的栅栏","带走"她,"拥有"她。在被他占有的过程中,她交出了自己,而他的主权自主性则得到了增强。她向他屈服,而他的本质自

我得以强化。她迷失了自我。这是一个被他捕获、占有和驯服的故事。她是他的作用的被动接受者。这幅性爱画面的中心含有(不可避免)胁迫和暴力。通过将自由等同于拥有独立和自足的财产拥有者,性交必然不是一种相互关系,而是一种支配和服从、入侵、统治和占有的行为(Nedelsky 2011)。

表 2-2　已产生的和正产生的法律与自由裁量权的二元结构

作为官方规则的法律(男性)	自由裁量权(女性)
主体/代理(施方)	客体/受方
起点	剩余
实度/实质性	真空/空间
所有权人	所有物
理性/推理/逻辑的	非理性/直觉/情感的
强制	自由
分析的	印象的
头脑/思想	心脏/身体
思考	感觉
人造	自然
机械	魔力
有序	混沌
受控/结构化	盲目的/非结构化
可预测的	反复无常的/易变的
顺序/计划	不连贯
外部/外向/可见/开放	内部/内向/隐藏/秘密
已知的	神秘的

同样，法律规则的男性特质的本质被认为会影响紊乱的、任性的女性裁量权。法治的男人必须征服有判断力的女人，她最终会服从他的意志，被他改变、塑造和占有。在传统思维中，自由裁量权被想象为"周围的法律限制带"未触及的剩余部分（Dworkin 1977/2013：48）。这是一个关于男性法律主体征服女性裁量权客体的叙事。男性法律对女性自由裁量权的追求和支配没有改变。他依然坚韧不拔：一个主权的、自足的独立个体。女性裁量权被男性法律"结构化""驯服"，变得"连贯"。

这种传统的所有权自主个人主义观点在研究和政策思考中得到了反映与实践。即使（如法律—理性传统中）敦促改革，量刑研究和政策思考已经接受了这样一种观点，即决策的现实是量刑裁量权是法官的财产：他的"独揽的专制统治"（Blackstone 1766：2）。

这种拥有所有权的自主个人主义观点在假定的加重和减轻因素中得以重现。通常情况下，研究和政策思考假定离散的、自主的、自足的、相互竞争的因素为事物本身的存在形式。基于这一假设，量刑学术研究试图确定和衡量哪些自主的个体因素可以解释决策。现在让我们来挖掘这种观念中隐含的假设。

第四节　案件因素：自主单独实体

虽然在案件应该解释到什么程度上有分歧，但法律—理性传统和司法—防御传统都认为案件是由假定的单独"因素"组合而成的。这些因素被认为具有各自的和固有的本质属性。量刑宇宙被认为包含"因素"：自主的、独立的、相互竞争的个体力量。

一、"因素"的分析

这里假设案件由单独实体聚合组成,由此"分析"、解构和研究量刑。这种分析方法寻求将影响因素分解为不可化约的单个组成部分。经过分析,一个实体可以被分解为几个自主的单独实体,它们彼此间相互竞争,再通过分析,将其再分解为自主的单独竞争实体。

案件"因素"的概念带有两个关键假设:第一,将每个案件划分为所谓的自主的单独组成部分,这是对量刑决策过程最有意义的理解。每个组成部分最终被认为是独立的、可以彼此区分的。第二,每个因素各具特征,有特定和独特的力量作用于决策者的裁量权。多数实证研究中默认的假设由此产生,即通过提取并分析案件"因素",以明晰单独"信息片段"的相对解释力(如 Hogarth 1971; Lovegrove 1989、1999; Steffensmeier 和 Herbert 1999)。有些被认为是"法律因素"(即上文讨论的法律规则),而另一些则被归类为"非"或"超"法律因素(如受害者或罪犯的性别、种族或举止),还有一些则被归类为法官的个人观点(如 Hogarth 1971)。

这些因素都具有普遍的、固定的、一以贯之的属性,通常被定义为"加重/减轻因素""犯罪/罪犯因素"。如同限制与自由(法律与自由裁量权)的概念,这些因素被视为是自主的、自我控制的独立主体。它们可以彼此相互影响,或按等级排列(如 foci-Hartley 和 Spohn, 2007; Hogarth, 1971),但它们被认为以自由态的形式存在并影响司法行为。在自主的、封闭的个人主义宇宙中,这些本质上反社会的因素相互竞争,争夺主导地位。

刑法和量刑文本列出了能加重和减轻案件严重性的"因素"

(Boyle 和 Allen 1990；Findlay 等人 1994：213-246；Nicholson 1992；Walker 和 Padfifield 1996)。

在这种分析方法中，其中 x、y 和 z 因子以相应的方式影响量刑决定，测量至少在原则上是直接的。虽然可能涉及许多阶段，但它是一个输入—输出模型。通过测量不同因素和量刑结果之间反复出现的统计关联，有可能产生一个模型来解释刑罚方向（即或轻或重的量刑），以及个别因素对量刑结果的贡献程度（或权重）。因此，通过对因素（输入）和量刑（输出）之间的相互关系的统计查询，研究人员可以得出各类因素的占比，例如就业地位占比为 x，性别因素占比为 y，罪行占比为 z，罪犯占比为 u，职业占比为 v，等等。

在进行和应用该项研究时，分离和量化不同因素的因果影响，以创建最终破解决策"密码"的公式，这一想法如此诱人以至让人很容易忽略了它的认知假设。官方数据和研究一直由默认的假设主导，认为可以提取和分析案例"因素"，以区分单个"信息片段"的相对解释力（如 Hogarth 1971；Lovegrove 1989、2008；Spohn 2009；Steffensmeier 和 Hebert 1999）。大多数研究：

> 试图获得更大的预测准确性，但通常不成功。量刑研究的典型方法是创建一个因变量（如刑期），然后对选定的法定变量（如犯罪类型、犯罪严重性、犯罪史）和法外变量（如性别、种族、社会经济地位、辩诉交易）作线性回归（Mears 1998：670）。

然而，什么是"因素"？如何识别"因素"？法律分析和司法—防御传统几乎一贯将"因素"视为既定的或显而易见的。法律分析工作特别关注解释和衡量因素。通常，定量研究解释认为，x% 的量刑结果是由 y 个案例因素"预测"而得的,大多数情况下哪些因素与量刑结果相关是已经确定的。然而,很少有关于如何识别"因素"以及研究人员如何将世界划分为所谓的离散的、自主的个体元素的讨论。

例如,在一项浩大的研究中,Steffensmeier 和 Hebert(1999)使用宾夕法尼亚州的档案数据来比较男女法官之间的量刑决定,发现"女法官的量刑有所不同"(原文如此)。特别是他们的分析发现,"当女法官对累犯判刑时,对黑人被告量刑更严厉的整体效应会增强,而在男法官中,种族效应则会减弱或保持不变"(1180)。根据 Steffensmeier 和 Hebert 的说法,这一发现可以通过男性和女性法官不同的伸张公平正义的工作方式来解释。具体来说,

> 法官的量刑决策更多地根据被告的特征进行背景化,如种族、性别和年龄以及被告人的先前记录……女性政策制定者在某种程度上更关心政策的实质,而不是抽象的规范,她们在政策制定中更关注"情境化",反映出女性更关心维护生活的关系网……

虽然 Steffensmeier 和 Hebert 采用的论点是:女法官的工作方式比男法官更有背景化、更不抽象化,但他们的调查方法似乎与这种意识奇怪地相违背。事实上,他们的调查似乎非常抽象,忽略了案例因素之间的生活关系。Steffensmeier 和 Hebert 的研究在他们自己所关注的男性偏见的基础上运作。在从宾夕法尼亚州官方数据中得出结论时,他们使用了加法回归模型"评估女法官的判决是否比男法官更严厉或更宽松"(1174)。因此,他们以典型的分析方式确定了彼此相抽象的"变量"。据其指出:

自变量包括案件和法官特征的组合,这些特征先前已被证明会影响刑事被告人的量刑。这些变量的编码和定义……是直截了当的。(同原文,1171)

然而,正是认为他们的调查直截了当,这种观念才是有问题的。首先,变量不能被证明以任何因果方式"影响"决策结果,而只能被证明是统计学上的关联(相关)。其次,这些变量的识别和定义远非直截了当。这里的关键点也许可以通过他们的结论来说明,他们呼吁科学研究女性决策的"格式塔"心理(gestalt),以及与男性的是否不同……(1186)然而,作为分析工作,Steffensmeier 和 Hebert 的研究本身就非常不完整。如果量刑决策过程可以从"整体大于部分之和"的完全形态的观察出发作研究,那么为什么假设整体只是其离散部分的总和? 分析研究方法被视为完全形态方法的对立面。分析只能是关于单个部分的集合,更重要的是,将什么定义为单个部件(因素)具有高度可争议性。

二、"因素"的问题化

虽然这里指出了基于"因素"之间相互关系的分析方法的局限性,但不可否认的是,这是一种解释量刑的方法。然而,关键问题仍悬而未决。

(1) 如何决定什么符合或不符合构成"因素"的条件? 原则上,似乎"因素"可能只不过是一种所谓的离散的"信息片段",以刺激量刑反应。在实践中,通常什么是"因素"往往取决于数据的可用性以及数据的记录方式。大多数关于量刑的研究都依赖于大规模官方数据,这些数据基于现成的行政优先事项的类别,按照官方机构自己的目的作在线记录。也就是说,研究人员原则上可以根据自己的标准收集数据,但这会引发问题。

(2)"因素"如何相互分离和区分?很多时候,离散的、单独的"因素"的存在被认为是理所当然的。法官对于这种"断章取义"的方法颇有微词。人们很容易将这种忽视"背景"的意见视为司法部门受到量刑去神秘化前景的威胁而提出的诡辩。然而,这种抱怨也许有一定的道理,特别是当研究人员依赖现成的官方大数据的便利性时,因为这些数据并不是为了量刑而生成的。

(3)每个因素是否单向起作用(即加重或减轻)?分析量刑研究和政策思考的一个长期目标是确定一个"加重因素"列表,与单独的"减轻因素"列表进行平衡。各种指导改革都拟定了这样的二元清单。

例如,被认为是预先计划的犯罪(如殴打罪)通常被列为加重处罚,而自发的犯罪则会减轻处罚。然而,如果犯罪被认为是可能缺乏自我控制或不可预测的冲动而产生的结果,则该罪行也可能被视为有加重因素:正是由于明显缺乏自控力,犯罪可能被视为更严重,被告人的风险更大。

第二个例子更为常见:据报道,大多数罪犯在酒精或药物的影响下实施了犯罪(Dingwall 和 Koffman 2008;Lightowlers 2019;Padfield 2011;Prison Reform Trust 2017)。一方面,由于该人的正常抑制能力有限,这可能被列为减轻因素。醉酒可能表明犯罪者并不真正知道他们在做什么或行为不正常。然而另一方面,醉酒也可以被视为一种加重因素,表明鲁莽、不尊重他人或自私地不顾后果。

第三个也是非常普遍的例子是关于被告人的就业状况。同样的信息可能既加重一个案件的严重性,又减轻另一个案件的严重性,或者说,实际上在同一案件中两者兼而有之。能够保留工作可能会减轻监禁的负担,或者失业可能会引起更大的同情。在同一案件中,相同的信息可能是"加重"和"减轻"处罚兼具的。

这些例子强调了"(案件的)易变特征十分不稳定"(Hawkins 1983：120)——"坦诚"和"冷酷"、"谨慎"和"鲁莽"之间的细微差别。"因素"是多变的。它们可能在不同的时间加重或减轻处罚,即使在同一个案件里也是如此(Shapland 1981；Halliday 等人 2009；Tata 2007)。加重或减轻因素的识别列表本身存在难以预测和固定化的自主性,因此可能会失败。

这种现实性说明了"加重或减轻因素"的实质解释与案件背景性质。案件严重性的含义是不固定的,其(仅)在整个案件故事典型化的背景下有意义。如果是这样的话,"加重或减轻因素"概念的解释价值肯定会被削弱。

然而,经验性结论认为案例"因素"必然是不固定的、离不开案件本身的,这很容易被当作是对无原则的个体化量刑的规范性倡导。例如,Lovegrove 谴责维多利亚州最高法院拒绝向一审被告人指明某些"因素":

> 通常加重或减轻刑罚。没有什么因素是确定的:一切都取决于个案的事实。因此,这些判决只不过是适用了个性化的方法而已(Lovegrove 1989：289)。

事实上,维多利亚州最高法院的这类言论已经成为法律分析学者的"眼中钉"。然而,正如我们将要看到的,仅仅因为最高法院坚持认为,不能并且不会告诉一审被告人普遍会加重或减轻刑罚的"因素",因为取决于案件的背景的量刑并不等于"个性化量刑"(即案件间的不可比性)。

法官强调他们把案件作为一个"整体"来对待,并强调对个别案件的"感觉"。司法上一直对通过增加或减少"独立因素"而将量刑简化为数学模型的尝试存有抵制,而这种抵制不应被混淆而忽视。

第五节 结论和影响

主导量刑思想的两种传统都植根于一种以法官为中心的自主个人主义的范式,法官是一个独特的、独立拥有所有权的、受限制的个体,除非他的自由受到外部干扰,否则他自然拥有自由。这种范式进一步反映并投射到一个更广阔的量刑思想宇宙中,而自主的、单独的、自成一体的实体(如因素)的观念占主导地位。尽管被描述为相互竞争和碰撞,但它们基本上保持在其中不变、自我控制,保留着自己的固有特征。

量刑研究在很大程度上被两个规范性对立传统的共同假设所主导。法律—理性传统和司法—防御传统的核心是对量刑概念的依赖,这对人们理解世界的方式没有多大意义。行动往往被认为是独立个体的因素、力量和规则的产物,这些因素、力量和规则影响个体量刑行为人。虽然有更复杂的版本(如 Pina-Sánchez 2015；Steffensmeier 和 Hebert 1999；Spohn 2009),但这大概是一个显而易见的和自主的刺激导致的可预测的人类反应模型。

然而,社会行动的核心是意义的创造。换句话说,在社会行动中,没有直接的和无中介的刺激—反应关系。缺少的是对调解和产生"刺激"的意义的细微理解。通过自主个人主义的镜头,那些试图强调人类对刺激的解释的学者却没有这样做。虽然个别信息可以相互影响,但它们基本上被视为是自我拥有的,保留了自己的固有属性。因此,需要的是对决策进行更彻底的社会化概念:一种基于对决策作为文化预期角色的过程性、解释性和表演性的认识。

第三章将勾勒出一个决策的替代概念,将量刑视为一个协作过程,它不是以拥有裁量权的法官为中心,而是建议量刑工作是由职业关系的过程和表现来解释的,然后将在第四章和第五章中作讨论。

本章参考文献

Anninson, J., & May, T. (1998). The De-professionalisation of Probation Offifi-cers. In P. Abbott & L. Merrabau (Eds.), *The Sociology of the Caring Professions* (pp. 157 – 177). London and New York: Taylor and Francis.

Ashworth, A. (2015). *Sentencing and Criminal Justice*. Cambridge: Cambridge University Press.

Bagaric, M., & Edney, R. (2013). *Sentencing in Australia*. Melbourne: Cambridge University Press.

Bagaric, M., & Edney, R. (2017). *Sentencing in Australia*. Sydney: Thomson Reuters.

Bagaric, M., & Edney, R. (2018). *Sentencing in Australia*. Toronto: Thomson Reuters.

Bagaric, M., & Wolf, G. (2018). Sentencing by Computer. *George Mason Law Review*, 25(3), 653 – 709.

Blackstone, W. (1766). *Commentaries on the Laws of England* (Vol. 2). London: Clarendon Press.

Boyle, C., & Allen, M. (1990). *Sentencing in Northern Ireland*. Belfast: SLS Publications.

Brown, G. (2017). *Sentencing as Practical Wisdom*. Oxford: Hart Publishing.

Chanenson, S. (2005). The Next Era of Sentencing Reform. *Emory Law*

Journal, 54(1), 377-450.

Chiao, V. (2018). Predicting Proportionality: The Case for Algorithmic Sentencing. *Criminal Justice Ethics*, 37(3), 238-261.

Darbyshire, P. (2011). *Sitting in Judgement*. Oxford: Hart Publishing.

Davies, M. (1999). Queer Property, Queer Persons: Self-Ownership and Beyond. *Social & Legal Studies*, 8(3), 327-352.

Davies, M. (2007). *Property: Meanings, Theories, Histories*. London: Cavendish.

Dingwall, G., & Koffman, L. (2008). Determining the Impact of Intoxication in a Desert-Based Sentencing Framework. *Criminology & Criminal Justice*, 8(3), 335-348.

Douglas, M. (1966/2002). *Purity and Danger*. London: Routledge.

Douglas, M. (1982/2011). *In the Active Voice*. London: Routledge.

Douglas, M. (1986). *How Institutions Think*. London: Routledge.

Durkheim, E. (1912/2001). *Elementary Forms of Religious Life*. Oxford: Oxford University Press.

Dworkin, R. (1977/2013). *Taking Rights Seriously*. London and New York: Bloomsbury.

Feeley, M., & Simon, J. (1992). The New Penology: Notes on the Emerging Strategy of Corrections and Implications. *Criminology*, 30(4), 449-474.

Feeley, M., & Simon, J. (1994). Actuarial Justice: The Emerging New Criminal Law. In D. Nelken (Ed.), *The Futures of Criminology* (pp.173-201). London: Sage.

Findlay, M., Odgers, S., & Yeo, S. (1994). *Australian Criminal Justice*. Oxford: Oxford University Press.

Foucault, M. (1977) *Discipline and Punish: The Birth of the Prison*. New York: Vintage Books.

Foucault, M. (1980). *Knowledge/Power*. New York: Vintage Books.

Frankel, M. (1972). *Criminal Sentences: Law Without Order*. New York: Hill & Wang.

Franko Aas, K. (2004). From Narrative to Database: Technological Change and Penal Culture. *Punishment & Society*, 6(4), 379-393.

Franko Aas, K. (2005). *Sentencing in the Age of Information: From Faust to Macintosh*. London: Glasshouse Press.

Frase, R. (2007). The Apprendi-Blakely Cases: Sentencing Reform Counter Revolution? *Criminology & Public Policy*, 6(3), 403–432.

Frase, R. (2012). *Just Sentencing*. Oxford: Oxford University Press.

Freiberg, A. (2014). *Fox & Freiberg's Sentencing: State and Federal Law in Victoria*. Melbourne: Lawbook.

Garland, D. (2001). *The Culture of Control: Crime and Social Order in Contemporary Society*. Oxford: Oxford University Press.

Green, E. (1962). *Judicial Attitudes in Sentencing*. Cambridge: Cambridge University Press.

Halliday, S., Burns, N., Hutton, N., McNeill, F., & Tata, C. (2009). Street-Level Bureaucracy, Interprofessional Relations, and Coping Mechanisms: A Study of Criminal Justice Social Workers in the Sentencing Process. *Law & Policy*, 31(4), 405–428.

Hartley, M., & Spohn, C. (2007). Concerning Conceptualization and Operationalization. *Southwest Journal of Criminal Justice*, 4(1), 58–78.

Hawkins, K. (1983). Assessing Evil: Decision Behaviour and Parole Board Justice. *The British Journal of Criminology*, 23(2), 101–127.

Henham, R. (1997). *Criminal Justice and Sentencing Policy*. Aldershot: Dartmouth.

Henham, R. (2014). *Sentencing*. New York: Routledge.

Hogarth, J. (1971). *Sentencing as a Human Process*. Toronto: Toronto University Press.

Hood, R. (1962). *Sentencing in Magistrates' Courts: A Study in Variation of Policy*. London: Stevens & Sons.

Hood, R. (1992). *Race and Sentencing*. Oxford: Clarendon Press.

Hutton, N. (1995). Sentencing, Rationality and Computer Technology. *Journal of Law & Society*, 22(4), 549–570.

Lammy Review. (2017). *An Independent Review into the Treatment of, and Outcomes for, Black, Asian and Minority Ethnic individuals in the Criminal Justice System*. gov.uk.

Lightowlers, C. (2019). Drunk and Doubly Deviant? The Role of Gender and Intoxication in Sentencing Assault Offences. *British Journal of Criminology*, 59(3), 693–717.

Lovegrove, A. (1989). *Judicial Decision-Making, Sentencing Policy and Numerical Guidance.* New York: Springer.

Lovegrove, A. (1999). Statistical Information Systems as a Means to Consistency and Rationality in Sentencing. *International Journal of Law and Information Technology*, 7, 31–72.

Lovegrove, A. (2008). A Decision Framework for Judicial Sentencing: Judgment, Analysis and the Intuitive Synthesis. *Criminal Law Journal*, 32, 269–286.

Mackenzie, G. (2005). *How Judges Sentence.* Annandale: Federation Press.

Marcus, M. (2005). Blakely, Booker and the Future of Sentencing. *Federal Sentencing Reporter*, 17(4), 243–248.

Mawby, R., & Worrall, A. (2013). *Doing Probation Work: Identity in a Criminal Justice Occupation.* London: Routledge.

Mears, D. (1998). The Sociology of Sentencing. *Law & Society Review*, 32(3), 667–724.

Miller, M. (1989). Guidelines Are Not Enough: The Need for Written Sentencing Opinions. *Behavioural Sciences & the Law*, 7(1), 3–24.

Naffifine, N. (1994). Possession: Erotic Love in the Law of Rape. *Modern Law Review*, 57(1), 10–37.

Naffifine, N. (1998). The Legal Structure of Self-Ownership: Or the Self-Possessed Man and the Woman Possessed. *Journal of Law & Society*, 25(2), 193–212.

Nedelsky, J. (2011). *Law's Relations.* Oxford: Oxford University Press.

Newman, D. (2016). Are Lawyers Alienated Workers? *European Journal of Current Legal Issues*, 22(3).

Nicholson, G. (1992). *Sentencing: Law and Practice in Scotland* (2nd ed.). Edinburgh: W. Green/Sweet & Maxwell.

O'Malley, T. (2013). Living Without Guidelines. In A. Ashworth & J. Roberts (Eds.), *Sentencing Guidelines* (pp. 218–236). Oxford: Oxford

University Press.

Padfifield, N. (2011). Intoxciation as a Sentencing Factor. In J. Roberts (Ed.), *Mitigation and Aggravation at Sentencing* (pp. 81 – 101). Oxford: Oxford University Press.

Padfifield, N. (2012). Sentencing & Early Release from Prison: Front & Back Door Sentencing. In G. Bruinsma & D. Weisburd (Eds.), *The Encyclopedia of Criminology and Criminal Justice* (Vol. 1). New York: Springer.

Parent, D. (1988). *Structuring Criminal Sentences: The Evolution of Minnesota's Sentencing Guidelines*. Stoneham: Butterworth Legal Publishers.

Pateman, C. (1988). *The Sexual Contract*. Stanford: Stanford University Press.

Perry, R. (2007). Book Review — Sentencing in the Age of Information: From Faust to MacIntosh. *Punishment & Society*, 9(4), 421 – 424.

Prison Reform Trust. (2017). *Bromley Briefifings Prison Factfifile*. London: PRT.

Pina-Sánchez J. (2015). Defifining and Measuring Consistency in Sentencing. In J. V. Roberts (Ed.), *Exploring Sentencing Practice in England and Wales* (pp. 76 – 92). London: Palgrave.

Pottage, A. (2004). Introduction: The Fabrication of Persons and Things. In A. Pottage & M. Mundy (Eds.), *Law, Anthropology and the Constitution of the Social: Making Persons and Things* (pp. 1 – 39). Cambridge: Cambridge University Press.

Rawls, J. (1971). *A Theory of Justice*. Cambridge: Harvard University Press.

Roach Anleu, S. (1992). The Professionalisation of Social Work. *Sociology*, 26(1), 23 – 43.

Roberts, J., & Cole, D. (1999). *Making Sense of Sentencing*. Toronto: University of Toronto Press.

Roberts, J., & Harris, L. (2017). Reconceptualising the Custody Threshold in England and Wales. *Criminal Law Forum*, 28(3), 477 – 499.

Schorr, D. (2009). How Blackstone Became a Blackstonian. *Theoretical*

Inquiries in Law, 10, 103–126.

Shapland, J. (1981). *Between Conviction and Sentence: The Process of Mitigation*. London: Routledge & Kegan Paul.

Spears, D. (2005). *Taming Discretion* (PhD thesis). University of Sydney.

Spohn, C. (2009). *How Do Judges Decide? The Search for Fairness and Justice*. Thousand Oaks: Sage.

Steffensmeier, D., & Hebert, C. (1999). Women and Men Policymakers: Does the Judge's Gender Affect the Sentencing of Criminal Defendants? *Social Forces*, 77(3), 1163–1196.

Stith, K., & Cabranes, J. (1998). *Fear of Judging: Sentencing Guidelines in the Federal Courts*. Chicago: Chicago University Press.

Tata, C. (2007). Sentencing as Craftwork and the Binary Epistemologies of the Discretionary Decision Process. *Social & Legal Studies*, 16(3), 425–447.

Tay, A. (1978). Law, the Citizen and the State. In E. Kamenka & R. Brown (Eds.), *Law and Society: The Crisis in Legal Ideals* London: Edward Arnold.

Thomas, D. (1963). Sentencing — The Case for Reasoned Decisions. *Criminal Law Review*, 10, 245–253.

Tombs, J. (2008). Telling Sentencing Stories. In P. Carlen (Ed.), *Imaginary Penalities* (pp.84–112). Cullompton: Willan Publishing.

Tonry, M. (2016). *Sentencing Fragments*. Oxford: Oxford University Press.

Tonry, M., & Frase, R. (Eds.). (2001). *Sentencing and Sanctions in Western Countries*. New York: Oxford University Press.

Von Hirsch, A., Knapp, K. A., & Tonry, M. (1987). *The Sentencing Commission and Its Guidelines*. Boston: Northeastern University Press.

Walker, N., & Padfifield, N. (1996). *Sentencing: Theory, Law and Practice*. London: Butterworths.

Weber, M. (1922/2013). *Economy & Society*. Berkeley: University of California Press.

Welsh, L., & Howard, M. (2018). Standardization and the Production of Justice in Summary Criminal Courts: A Post-human Analysis. *Social & Legal Studies* (First published online, 18 August).

第三章
量刑的社会性生成

[摘要]在法律形式主义的阴影之下发展起来的对量刑自由裁量权的描述,由自主个人主义的形象所主导,其中,除非受到官方法律规则做出的严格限制,否则法官个人独自"拥有"自由裁量的所有权。相反,我主张将量刑的案件"事实"理解为在刑事程序构建实践中必要且不可避免的类型化的方法,并主张一种基于"整个案件故事类型化"的整体性方法。通过这种方式,量刑决策可以被视为整体性的和可解释的。

[关键词]量刑研究　量刑改革　案件事实　规则与自由裁量权　整个案件故事类型化

导读

　　第一节首先质疑官方的法律规范和自由裁量权在实际操作中是否是二元对立的,继而指出在日常实践中,两者其实是相互构成的,几乎无法区分。规则和事实在不断变化的对话中运作,这影响了决策概念的确定性。第二节探讨了案件制作和案件转化这一社会现实对研究的影响和意义,包括研究应如何描述多罪案件以及犯罪和罪犯的特征。第三节关注如何将案件作为一个社会过程来处理,这促使我们思考应该如何设想解释和问责。通过区分正式的"线性问责"和"社会目的性的解释",可以理解为什么说理很容易让学术界失望。第四节论述职业量刑人员应如何履行职责。

第一节 裁量权与规则的二元对立是如何消解的?

在第二章中,我们看到,量刑的学术研究和政策思维是如何被法律—理性和司法—防御两种相互对立的传统所主导的。尽管在改革问题上(特别是自由裁量的范围)激烈交锋,但它们其实有着相同的认识论和本体论假设。特别是,这两种方法都植根于自主个人主义的范式,即以法官为中心,认为他是一个独特的、独立的个体,天生拥有自由,除非他的自由受到外界的干扰。这种自主司法个人主义的范式进一步反映在更广泛的量刑领域的概念中,并得到了这些概念的支持。这些概念被认为是由相互冲突的、自主的、独立的实体(如因素)组成的。

裁量权和规则往往被认为是对立的。如 Franko Aas(2005:15)指出,裁量权是"规则的对立面"。虽然法律—理性传统寻求"结构化""知情",并使得量刑自由裁量权具备"连贯性",但司法—防御传统(包括新刑法学启发的著作)专注于讨论规则和理性的危险。这两种传统都有相同的假设:规则和裁量权是直接对立的;量刑裁量权被认为由法官个人所有;没有官方规则就意味着每个法官都有不受限制的自由裁量权(个人自由)。

尽管裁量权和规则之间的对立在抽象的规范层面上是有意义的,但根据经验审视日常量刑过程时,这一区别就消失了:它们都分享着对方的抽象品质。

事实上,一旦试图将规则应用于特定情况,我们很快就会发现，在抽象上我们可以称为"裁量权"的东西交织在"规则"的结构中。这有四个原因：第一，规则在执行过程中不可避免地具有不确定性，每条规则都包含至少一个自由裁量的术语（例如"合理的""危险的""故意的""儿童的最佳利益""司法利益""公共利益"等）。正是为了实施这些规则，它们的不确定性才变得显而易见。第二，官方规则的范围必然是有限的：它们会"失效"。它们无法解决每一个特定的案件，因此规则充满了告诫、例外和限定条件（例如，"除非法院认为这符合公共利益"；"除非违背司法利益"；等等）。第三，规则不仅含糊不清、依赖于事实，而且在运用时它们可能相互冲突。一个简单的例子是透明度和隐私权是相互冲突的。第四，规则如何适用于事实并不是预先确定的，实际上"事实"的构建也不是事先确定的。

在研究量刑实践时，规则和自由裁量权之间明显的抽象区别是如何瓦解的一个明显特征：自由裁量权的范围和限制在不同情况下可能会扩大或缩小。这可以会有更广泛的定义。例如，英格兰和威尔士的首席大法官在上诉中选择推翻政府设定的"比例原则"的立法本意，而这正是 1991 年《刑事司法法案》（*Criminal Justice Act*）的核心。这样，

> 立法机关原本的意图，以比例原则为基础的限制性条款，却被转换成一个更为宽泛的法条的分款，准许在白皮书强烈反对的情况下进行威慑性量刑（Ashworth 2017：475）。

然而，虽然可以预料会有更加宽泛的司法解释，但出人意料的是，将解释最小化的现象也普遍地存在：自由裁量的决策者似乎往往否认他们拥有的自由裁量权，例如他们觉得除了判处监

禁之外别无选择,尽管法律条文似乎赋予其对此自由裁量的权力(Tombs 和 Jagger,2005)。第二个自我否定裁量权的例子来自 Robert Cover(1975)对《逃奴法案》(*the Fugitive Slave Act*)的历史研究:

  一次又一次,司法机关在法律面前表现得无能为力;虽然对严苛的结果感到遗憾,但他们拒绝动用合法的裁量权,以使得"改善社会"的解决方案成为可能(Cover 1975:5-6)。

  第三个例子是南非法官在强制性量刑时放弃了他们声称珍视的自由裁量权(van Zyl Smit 2002)。第四个例子,官员(如警察、狱警)通常注重于权力和命令的执行,而不是严格执行"规则"(如 Liebling 和 Price 2003)。这可能意味着,很多时候官方规则被忽视或规避,因此不适用于常态,而当官方规则被执行时,人们会感到惊讶! 这样,执行官方规则的正常现实的例外就被认为是"自由裁量的";而不执行官方规则可能会被视为"规则"!

  因此,在选择性地否定或扩大"规则"和"自由裁量权"的范围时,这本身就是在行使法律上的自由裁量权,尽管对于那些适用官方"规则"或"自由裁量权"的人来说,这并不总是一个可以自由选择的问题。对他们来说,他们的行为似乎是必要的、显而易见的、不言而喻的和无可避免的。然而,自由裁量的决策者同样是将"规则"应用于具体的案例。这样,在其实际实施中,所谓抽象的"规则"和"自由裁量权"之间最好被理解为是具备内在的流动性、不稳定性,不可区分和相互作用的,而不是彼此对立的不同实体。在讨论决策的实际操作时,将自由裁量权和规则视为截然不同或相反的力量,或谈论规则和裁量权之间的"平衡",或者说更多的规则意味着更少的自由裁量权,反之亦然,都是无法成立的。与其将合法性视为从经验上理解裁量权的法律行为的起点,不如将重点放在日常实践上。这样,法律规则和自由裁量权的同时行使便成为可能。事实上,它们只能在抽象层次上相互区分。法律"规则"和"事实"的不确定性,以及彼此之间的流动性和动态性的应用(Bourdieu 1987:823 - 828),意味着所谓的"自由裁量权"和"规则"的范围,在日常实践中不可避免地具有偶然性。在抽象意义上,官方法律规则和自由裁量权是对立的,但在实际操作中,它们彼此是共享且并存的。法律规则具有可塑性,是不确定、不稳定的,并且充满了"漏洞",取决于它们如何与特定的案件事实相结合。换句话说,在实际操作中,法律规则具有赋予"自由裁量权"的特征。同时,自由裁量权以可预测、结构化、模式化和系统化的方式运作(如 Baumgartner 1992;Lacey 1992)。因此,在日常生活中,"裁量权"的操作具有"规则性"的特点。换言之,把 Dworkinian 的甜甜圈比喻颠倒过来,面团代表法律,中间的洞代表自由裁量权。我们可能会说,在实践中,面团总是满是洞,而乍一看似乎是一个"洞",里面却充斥着组织规范的"结构"和行为的文化规则[①]。在日常惯例中,规则和自由裁量权在功能上是不可区分的。

  理论上,我们说"规则"和"裁量权"这一对立与截然不同的力量之所以有意义,是由于它们在实际操作中千变万化、互相协同、相互模糊。

---

  ① 自由裁量权—规则的二分法也反映在社会理论中"结构"和"行动"这两种所谓的对立力量之间——这种区别在抽象上是有意义的,但在进行密切的实证观察时却没有意义(Sewell 1992)。物体的物质世界和"心理结构"是互相作用的(Bourdieu 1977)。

第二节 "规则"和"事实"的不可分割性

要理解量刑决策是如何运作的,我们需要研究规则对事实的适用性。这不仅是因为魔鬼在"事实"的细节中,而且规则—事实关系的概念本身也是规则—自由裁量权关系的核心。

一、魔鬼在"事实"中

法律或官方规则不能完全取决于自身,也不能仿佛脱离了人类的解释和运用而"自动执行"(Pratt 和 Sossin 2009:302)。我们已经看到,法律规则必须适用于各种各样的情况,而这些情况是无法事先预测的,所以不确定性随之而来。此外,普遍存在的"每个案件取决于它自己的事实"的量刑格言,意味着规则取决于事实。

因此,让我们探讨案件事实及其决定性力量,以及它们似乎被赋予或者被假定的特征。

案件"事实"和案件的制作

"事实"一词意味着确定的客观信息,对此不会产生任何合理的争议。然而,这不过是故事的一部分。虽然许多量刑研究人员、从业者和其他人(如记者)都这样描述"事实",但实证研究表明,案件事实是不稳定的、动态的,是案件制作的结果。法律程序重建、再造和转换事实(如 Emerson 1983;McBarnet 1981;Johansen 2018;Sudnow 1965;Tata 1997;van Oorschot 等人 2017;van Oorschot 2020)。这并不意味着它"创造"了全新的信息,而是根据被其视为理所当然的分类方式,即其认知方式和操作方式,对案件及其事实进行编辑和改造。

这其中的含义既平凡又深刻。之所以平淡无奇，是因为人类和人类社会简化了大量的信息，以便根据熟悉的思维方式理解他们所做的事情。认知心理学清楚地表明，人是何其有限的一个信息处理者。我们不可能吸收和理解接受到的所有刺激。我们要理解某物，必须通过某种方式将其与已知的类别和序列联系起来（如McVee等人 2005）。此外，这种信息处理永远不能脱离社会而进行。我们的认识范畴是从社会中习得的，并且有社会实用性。我们简化和规范信息，使其易于理解。这并不一定是件坏事：没有这种能力，我们就无法理解世界，甚至无法理解我们自己。到目前为止，这看起来都平平无奇。

然而，这对理解决策也有重要的意义。它意味着，独特的总是不可避免地变得相对熟悉。换言之，案件事实是规范化和标准化过程的结果。不仅如此，"标准化"在整个刑事过程中都是持续不断的。刑事诉讼程序不仅是案件"事实"的被动接受者，而且是案件"事实"的主动翻译者和再创造者。量刑的官方时刻不是也不可能是客观事实的被动接受，而是"建构的约定"（Barnes 1977）：法庭工作文化（如 Eisenstein 和 Jacob 1991；Flemming 等人 1992；Jacobson 等人 2015；Rock 1993；Ulmer 和 Johnson 2017）所共有的实用主义的、有目的的、协商的现实表现。犯罪事件和人类经验可能几乎是无限变化和独一无二的，但刑事案件的构建必然是限定的、有限的、正常的和标准化的。

二、魔鬼在规则—事实的对话中

然而，这揭示了法治运作的核心悖论。这意味着随事实而定，规则必须是不确定的，但事实本身是由过程产生的。实际上，在量刑过程中，事实被有目的地转变。事实并不是简单地处理且不考虑后果。它们是根据量刑的需要、期望和规则进行选择、编辑和重新创造的。例如,警察和检察官不会简单地报告全部信息,这样做也不一定是明智的。他们必须选择他们认为与涉嫌犯罪有关的信息(如 Moody 和 Tombs 1982;Jacoby 和 Ratledge 2016;Reiner 2010)。他们选择(构建的)事实似乎最适合规则(通常是几种可能性中的一种)。事实必须与规则相关,规则必须与事实相关。这只不过是一个协同和有目的的过程(实际上也不可能是其他过程)。因此,规则是模棱两可的、不确定的,几乎总是被宣告无效,并且取决于案件的"事实"。量刑过程不是显而易见的事实的被动接受者,而是其主动创造者和规范者。接下来,让我们探究决策中"过程"的具体含义。

三、"过程"在量刑决策中意味着什么?

有时,"量刑过程"和"量刑程序"的意思似乎没有什么区别。指导机构在列出量刑官在选择量刑之前应遵循的正式步骤时,谈论的是"过程"。在这个意义上,"过程"只不过是一个规定的程序。然而,官方量刑是构建和议程设定的最终结果,而不是一个短暂的瞬间。这里,"过程"不仅仅是一系列正式的程序步骤。

至关重要的是,案件转化过程贯穿于整个刑事诉讼过程。英美刑事程序研究不遗余力地关注一种分离的两阶段的程序要求。首先,应对所指控的罪行进行审判,只有证据确凿,才能进一步讨论单独的惩罚的问题。也许,我们在犯罪—罪犯二分法中看到的先对行为然后对行为人的规范性关注,会让我们对英美法院通常发生的现实视而不见。鉴于几乎所有的案件都会以有罪答辩告终,这是职业量刑者期待和欢迎的(如 Baldwin 和 Mcconville 1977;McBarnet 1981;Roach Anleu 和 Mack 2017;Tata 2019),

"审判"被跳过去,案件直接进入量刑。这意味着,量刑实际上是"审判前"警察工作、起诉和辩护工作的主要重点。刑事程序成为一个以建立量刑议程为目的的程序。因此在很大程度上,案件的"职业生涯"是为了制定量刑议程而改变的。这样,我们应该将这种议程设定工作视为量刑过程的组成部分。

谁在做量刑工作?

我们可以说,"量刑工作"不仅是一种司法活动,而且非司法性的行为者也在开展量刑工作。因此,"过程"一词所指的不仅仅是程序:量刑议程的发展、演变、再创造和再生产。虽然量刑法官似乎拥有正式权力,但其也局限于提供其的信息[①]。量刑议程在很大程度上是由非司法性的行为者预先决定和塑造的。既然量刑(而不是定罪)是法院的关键决策,所有行为者都致力于此,那么,这意味着我们应该把量刑工作看作一个多职业、跨专业协作的过程(见第四、第五章)。

暂且撇开"应该是什么"的规范性关切不谈,将量刑理解为协同性的案件的构建、转化和规范化,这种理解如何使我们能够重新思考一些一直困扰着量刑研究、改革和决策的棘手问题?其中,最棘手的两个问题是:多罪案件、犯罪与罪犯特征之间的关系。现在让我们重新思考每一个问题。

四、多罪案件

量刑数据的收集产生了一个奇怪的空白。它与自主个人主义

---

① 这在所谓的对抗性制度中尤其如此,法官不能为自己收集证据,例如,就像法国的刑事预审法官那样。然而,即使在法国,这种做法似乎也在减少(Hodgson 2006;Hodgson 和 Soubise 2016)。

的范式产生共鸣并反映了这种范式：每一个定罪本身都被视为一个单独的事物。官方统计所使用的数据收集工具（几乎所有量刑"因素"的分析都是基于此），总是以每个案件不超过一项定罪，或至少有一项支配性的定罪。诸如量刑指南等改革工具也是如此，无论它们形式上是数量性的还是描述性的。然而，这是脱离现实的。在许多司法辖区，案件是根据不止一项法律定罪量刑的（Roberts 等人 2018）。其中的一些案件，主要的或最重要的犯罪可能是显而易见的，而其他定罪只是次要的或附带的。例如，起诉指控的罪行可能包括"拒捕"或袭击警察而没有造成重大伤害等。然而，在许多其他案件中，哪个是主要罪行则不太明显。这就造成了官方数据收集的重大问题，并很容易导致对案件严重性的虚假评估，导致官方数据报告关于量刑差异（或实际上的一致性），是基于对事实上完全不相似的案件[①]。例如，抢劫药店和销售毒品的案件，哪一项是主罪？或者，当有多起针对男性和女性的性犯罪时，哪一项是主罪？数据收集工具、甚至改革机制，应该如何准确地刻画这种多罪案件的含义？

全部犯罪类型化方式的必要性

与其选择其中一项犯罪作为"主要犯罪"，然后最多添加关于其他犯罪的信息，将之视为辅助特征；相反，我们可以将多个犯罪视为整体叙事或"行为过程"的一部分。通过这种方式，犯罪信息

---

① 过去的研究主要集中于罪犯个人层次的特征，将其作为自变量。关于被害人，法庭从业者或组织、文化、政治、社会背景的数据，只有在极少数情况下才会被考虑（Mears1998：672）。Mears 将这种缺乏关注归结于官方数据的相对便利性和易于依赖性。然而，问题是访问的便利性是否应该决定（研究）（672）。虽然访问的便利性可以部分解释对官方数据的依赖性，但 Mears 可能忽略了一个更根本的解释。鉴于大多数判决研究的司法性质，官方信息来源必然是首选：它们提供了全面、完整、准确和确定的假象、错觉（或至少是舒适的预期）。

就可以用一种量刑专业人员能够直观理解的、更全面的叙述方式来描绘。

这些叙述来源于法律过程的类型化和规范化。当然，可能有人会反对，认为它们没有反映出犯罪的真实情况（如 Lovegrove 1999）。然而，法律和法律程序不是也不可能是一扇简单的"世界之窗"。正如我们所看到的，这不可避免地是一个类型化和转化的过程。让我们提醒自己，犯罪的法定名称本身就是一种构建。试图捕捉世界上真实存在的行为只是刑法的目的之一。将事物命名为犯罪还有其他目的，这些目的与道德谴责、等级、区分、命名等有关。作为研究人员和政策制定者，如果想要掌握量刑专业人员使用的日常类别，而且要评估、测量并可能改革它们，那就需要理解这些类型。

然而，对多罪案件进行分类的整体方法只是其中的一部分。这就留下了一个问题：犯罪与罪犯之间有意义的互动。

五、罪犯的特征

犯罪还是罪犯？

决策过程的分析模型通过将量刑的组成部分抽象成离散因素来表示量刑：每个因素或其组合，解释了量刑决策的一个要素。通过以或多或少复杂的方式将它们结合起来，人们相信可以得出对该决策的解释（如 Lovegrove 1989、2008；Pina-Sánchez 2015）。然而，这些因素之间的关系仍然没有得到充分的探讨。

量刑学术倾向于想当然地认为，案件是由独立的犯罪因素而不是由罪犯因素组成的。这可能是英美对抗性的审判理念的结果，即审判必须分为两个阶段：首先考虑指控的犯罪，然后，如果犯罪（行为）被证明，才考虑罪犯的个人素质。所指控的行为应被视为与行为人(角色)相分离(如 Field 2006)。在第一阶段,对是否犯罪的审查应不受有关个人信息的污染。为了满足自由平等概念的要求,在这个阶段,必须无视个人的地位和社会身份,忽略个人的个性特征和社会属性。只有涉嫌的犯罪被考虑。法庭必须无视被告人的性格。只有在犯罪被证明后,才能对个人的性格进行审查(如 Tata 2019)。这种对抗性的两阶段诉讼模式与欧洲大陆的审问式传统形成鲜明对比,在欧洲大陆,单一审判既包括对指控罪行的调查,也包括对个人的调查(如 Field 2006;Hodgeson 2006)。同样,在量刑阶段,量刑学者主张采用两阶段方法:首先衡量犯罪,然后才衡量罪犯。

然而,将对行为(犯罪)的调查与被指控的行为人(罪犯)分离,到底有多现实呢?似乎至少有两方面的限制:

首先,如果无视犯罪者,就不能正确评估犯罪的严重性。"罪犯"的行为能力调节并赋予了"犯罪"的含义。例如,我们已经在第二章中看到,精神状态(如在酒精或药物的影响下)是如何成为中心问题的。

其次,犯罪与犯罪的二元对立并不能反映(名义上)对抗制度中程序的现实,在这种制度中,大多数案件都没有进入"审判"阶段。因为在名义上对抗的世界里,超过九成的案件最终是以有罪答辩结案的(如 Ashworth 和 Roberts 2013;Gormley 和 Tata 2019)。事实上,开庭时认罪是可能的,甚至是不可避免的,诉讼参与人之间也就不存在分歧①。

---

① 如果说有什么争议的话,那就是"先犯罪、后罪犯"的构想,在实践中由于认罪答辩的普遍被推翻,从而无须进行有证据争议的审判。通过提供个性化和人性化,刑事诉讼程序实际上是颠倒的,因此首先考虑的是量刑和减刑的机会,然后是关于答辩和对什么认罪的决定(Tata 2019)。

(一) 如何理解前科的重要性?

关于犯罪史中哪些"因素"应该被用来理解量刑,它们应该被如何从重,以及它们在量刑过程中如何运作,几乎没有什么确定性。

反映了对两阶段对抗程序的规范承诺的量刑研究和量刑改革,几乎普遍认为案件由两部分组成:犯罪和罪犯。然而,尽管研究一再表明,犯罪记录的严重性与犯罪信息一样,是量刑的两个主要决定因素之一,但犯罪信息在量刑决定过程中如何发挥作用却很少受到关注(Roberts 1997:306;Roberts 等人 2018)。同样,与犯罪信息一样,类型化和假设的方法是识别自主个体"因素",并观察其与量刑结果的数字性/统计性关联。事实上,正如在美国看到的那样,所有的网格指南系统都要求法官将案件的这两个基本部分作为两个阶段进行计算。类似地,在英格兰和威尔士量刑委员会的叙述指南(narrative Guidelines)中,这两个要素构成了其顺序法或"阶段法"的基本框架(如 Roberts 2015)。

然而,对犯罪故事的评估本身是由对罪犯以及其与被害人(如果有的话)的互动和关系的理解所决定的。罪犯的情况及其与被害人的关系,罪犯的犯罪、医疗、社会和心理的历史都不可避免地赋予犯罪故事以及伤害和罪责问题以意义。同样,罪犯的特征受犯罪故事影响。正如 Feeley 所言:"……要使指控有意义,必须通过对事件的描述以及关于被告人的性格、习惯和动机的信息来赋予其实质性的内容。"(Feeley 1979:160-161)如果要理解和解释"罪行"的严重性,职业量刑者必须对"罪犯"的道德责任做出判断,反之亦然。"犯罪"和"罪犯"信息在量刑决策过程中并不是自主工作的:对其中一个的解释是另一个的组成部分。

(二)"犯罪"和"罪犯"信息的协同效应

如果有犯罪前科,大多数研究所依赖的官方数据分析通常很难捕捉到对它的描述。要了解以前的定罪是如何相关的,可以收集下列数据:它们是否类似、是否导致监禁判决等。这就是我们在量刑信息系统研究和开发项目中所做的(如 Tata 等人 2002;Tata 和 Hutton 2003)。然而,尽管收集了一些最详细的信息(见第六章),但它仍然是不充分的。一个可能很快就会出现数百种排列。缺少的是这些所谓的独立的信息之间的关系。寻求有意义地描述量刑的研究面临的挑战,在于需要将罪犯信息与犯罪信息结合起来。不使用所谓的自主个体因素,研究可以寻求发展"整个案件故事的类型化"。

(三)整个案件故事的类型化

为了解决多罪案件中经验性地描述案件相似性的难题,我们应更加认真地对待量刑专业人员对案件的理解方式,不是将其视为单个定罪的集合和个人因素的集聚,而是作为可识别的整体叙述。一种可能的研究方法是开发一系列"整个案件故事的类型化"。这些可直观地、整体性地理解判刑专业人员如何把握案件的意义。类型化的整个案件故事,旨在反映量刑从业者将犯罪信息视为一个整体故事。在为量刑准备和构建案件以及考虑量刑时,从业者通常不会孤立地考虑多项指控中的每一项正式定罪。相反,他们倾向于将案件视为一个整体的犯罪事件或对犯罪事件的叙述[①]。

[①] 有趣的是,一些实证研究试图利用量刑的小片段,而不是必然地依赖于刑法分类,例如,探索公众对量刑的态度(如 Roberts 和 Hough 2002),以及是否"违反"社区监督的命令(如 Beyens 和 Persson 2017;Boone 和 Maguire 2018)。

根据现有的犯罪信息,在1988年《道路交通(苏格兰)法》(*the Road Traffic [Scotland] Act*)中有一些定罪的案件,可作为独立定罪总和的例子。根据个人定罪的汇总来记录犯罪信息问题的一个简单的例子,涉及该法中多个定罪的案件。通常,一个人可能会被判三项罪行,包括"未经车主同意而驾驶车辆"(第143条),未购买保险驾驶(第178条),驾驶时缺乏应有的谨慎和注意力(第2条)。量刑者不是必须选择一个概念上的主罪,然后将其与其他独立的定罪合并在一起,而是倾向于将每一项罪行视为典型的整个罪行叙述或故事的一部分,如"偷车乱开罪"。同样,法官们解释说,在开发量刑信息系统(见第六章)时,他们可能关注行为的叙述或过程,而不涉及儿童性犯罪的几项定罪,这在"虐待儿童"或"严重虐待儿童罪"(Tata等人2002)等案件中可能是正常的。从量刑的角度来看,对叙事标签的关注是有意义的,可以一开始为发展"整个案件故事的类型化"的更全面的分类奠定一些基础。这些故事应该是本地化的、有争议的,并随着时间的推移而改变。尽管如此,与简单地依赖官方数据类别相比,这可能为后续的统计分析提供一个有前途的基础。

对量刑决策过程的含蓄、直观和整体性的强调,并不等同于简单地说量刑是无形式的、缺乏结构的。认为直观性和整体性特征必须与司法—防御传统的案件间不可比性的主张同义,这是法律—理性传统(如Bagaric和Woolf 2018;Dhami等人2015;Lovegrove 1989、2008;Weigend 1983)和司法—防御传统(如Brown 2017;Franko Aas 2004、2005)中普遍存在的基本误解。我认为,量刑(像其他自由裁量活动一样)是直观的和整体性的,这并不等同于案件间具有不可比性。

Lovegrove(1989、2008)提供了可能是量刑研究分析方法中最缜密的例子。他认为任何直观的、整体性的方法都存在严重的危险,尤其是这种整体分类并不能准确地反映犯罪行为的真实情况:"没有证据表明这些子编组代表了犯罪的模式。"(Lovegrove 1999:64)

他正确地指出,量刑信息系统看到的这种整体分类法并不反映实际的犯罪行为,但这并不是目的。在对整体方法的批评中,他忽略了一个关键点,即案例是"类型化的",而提交法院的不是,也永远不会是犯罪行为的现实范围。相反,它是基于将案件故事类型化为数量有限的、由量刑专业人员识别和修改的标准化情节。无论好坏,案例都是由过程本身构建、转换和标准化的(如Emerson 1983;Hawkins 1992;Johansen 2018;Sudnow 1965;Tata 2007b)。因此,司法量刑决策具有一个预先设定的议程,在这个议程中,案件必须由刑事程序加以类型化和规范化:案件不会也不能反映所指控的犯罪事件中人类行为的独特性。虽然个别案件一再被正常化和类型化,但对个别案件严重性的评估不是孤立进行的,而是在"案件流"的组织情境内进行的(Emerson 1983)。这些"案例流",而不是每个连续的个案,应该被视为对决策的社会性—组织性现实进行经验主义理解的基本范畴。这些"案件流"形成了基本的参照点和比较点,据此可以理解具体案件的含义。每个个案都必须在更宽广的"案件流"中定位并加以参照。没有这一参照,这个案例将毫无实际意义。正是这种正常化和类型化的过程构成了量刑。这是量刑作为"一个过程"的概念的核心意义。

然而,这是否意味着从业者通常所说的"每个案件都是根据其本身的是非曲直来判断的"方式,或者案件由各种因素组成的方式应被视为虚假的繁文缛节而不予理会?我建议不要。尽管不能准确而细致地描述经验现实,但作为承认一系列利益冲突的社会目的性手段,它们的吸引力是讲得通的。

第三节 解释和问责是如何社会性生成的？

到目前为止，我试图揭示传统方法在理解量刑决策方面的局限性：其对人类行为的机械观点；它倾向于达到静态的二分法；人类行为作用于一系列离散的独立力量，与其冲突和互动后保持不变。我提出了一个论点，即案件通过法律程序实现类型化和被转化。

这一转变过程不仅仅是不考虑彼此的工作，也不考虑彼此的孤立工作的个人决策的集合。相反，参与者在专业团体中工作，这些团体塑造了行为模式，分享着关于案件他们正在做什么、预期什么、预测什么的（通常是编码的）信息。或多或少地，他们共享着常规的做法、隐含的信念和假设，以及"完成业务"或"处理"案件的共同愿望（如 Roach Anleu 和 Mack 2017；Feeley 1979）。这些可能包括：例如，倾向于相信在大多数情况下认罪几乎是不可避免的；因此，尽早认罪是可取的；应避免审判；效率意味着以尽可能少的努力（和冲突）处理尽可能多的案件；大多数案件是相对琐碎的；等等。这些共同的信念产生了共同的归属感（如 Feeley 1979；Rock 1993）：不同机构内部的专业人员不仅在当前的案件，而且在未来的许多其他案件中都必须合作（Fleming 等人 1992；Tata 2007a）。当前的案件不是也不能孤立于历史或未来的"类似"案件来判断。因此，毫不奇怪，专业人士必须关心自己机构和其他机构的专业人士对他们的看法。这与其说是满足虚荣心，倒不如说是因为现实必要性[1]。

---

[1] 正如我们将在第六章中看到的，它还产生了实践中的一致性和公认的"效率"理念。

由此得出的结论是：案件并不是简单地根据"整个案件故事的类型化"进行转化、标准化和规范化的。这一行动具有社会目的。

首先，案件不会在不考虑其后果的情况下被编辑和重新编辑。这项工作的关键驱动因素是量刑——这通常是事实上的目标。案例必须与目的相关，并为目的而制作。它们是在了解决策/事实构建链的情况下制定的。这一过程的每一部分都依赖于另一部分，作为彼此工作的预期者和接受者：每个部分都在就量刑目标和达到目标的适当方式进行沟通（如 Shapland 1981；Hawkins in Gelsthorpe 和 Padfield）。案例是建立在关系上的。

其次，这些故事都以有意义的情节为中心。它们是并且必须是，不仅对决策者个人有意义，而且必须对其工作文化也有意义。这些类型化的整个案件故事是由工作文化创造和再创造的。决策者交流对文化来说什么很重要、什么不重要的想法，这样一来，在很大程度上再现了文化。因此，案例的制作和重新制作方式不仅涉及案例本身，也是在就不同机构之间的关系交流意见。那么，案例是如何被再现的并不仅仅是一个有待完成的认知难题。这项工作也不是由相互隔离的自主个体来完成的。相反，通过沟通和代表案例，决策者也在沟通自己的工作，与专业社区相关的角色、态度和能力（如 Felmming 等人 1992；Rock 1993；Roach Anleu 和 Mack 2017）。

这使我们能够重新思考量刑的理由。它们是有目的地制作的，以便与不同的"观众"交流。这就是为什么司法量刑解释通常被法律理性学者（如 Freiberg 2014；Henham 2018）贴上"不连贯"的标签，因为它针对的是一系列不同的、经常互相冲突的选民和听众。这种明显的不连贯，可以理解为将责任视为社会目的。责任的一个直接含义是线性问责：对上级负责，并简单报告自己的行为等。然而，责任的第二个含义可以被称为"社会目的性解释"。这需要采取有效的社会方式，为不同的选民和听众提供合乎情理的解释。认为解释理由不过是一个简单而直接的思想概括或总和，这是对社会期待的无知。对量刑决策过程的解释是社会性生成的：解释者试图指向一系列相互对立的选民及其关注。我们可以将社会性生成的解释视为对不同选民之间矛盾的关切做出合理解释的能力，而不是简单的线性问责。

因此在量刑时，我们应该想到，司法解释（例如上诉法院的判决，由一审裁判者向上诉法院提交的报告，或是假释委员会、其他法官、研究人员等）通常从纯粹规范性的角度来看，是不连贯的、矛盾的、模棱两可的、枯燥乏味的和有所保留的。这是因为，社会目的性的解释必须满足一系列经常相互对立的目的和"受众"。解释要尽力应对一系列不同的群体（如被害人、罪犯、检察官、辩护律师、司法同僚、上诉法院、书记员、媒体等）。从这个角度来看，这些解释在某种意义上可能是矛盾的，但在另一种意义上，它们可能被视为一种社会和政治技能的行为或"技艺"(Tata 2007b)。以这种方式思考决策的解释，我们可以开始重新思考说理以及一个简单的假设：说理会带来无中介的解释，从而促进司法的公开和透明。

量刑判决的司法性解释不是也不可能是如同许多文献所假设的那样，仅仅或主要是规范性刑罚哲学应用中的一种认知活动。这使我们思考有意义的和有社会效应的量刑行为。我所说的"社会效应"是指其信息被不同的目标受众理解为预期的解释。相反（或者至少是另外的），作为研究人员，我们会更多地关注于不同专业人士和非专业人士（尤其是被判刑的人）沟通与理解量刑工作的解释（包括司法量刑之前和之后）方式。

至此,我们可以开始将量刑解释视为一种平衡利益和价值冲突的表现(Roach Anleu 和 Mack 2017)。这是一种向不同社区和互相对立的选民进行行动宣传的方式。

第四节 结论和启示

法律规则只有在适用于实际情况,也就是案件事实时才具有经验意义。在决策过程中,在任何给定的案件中,在所谓的"法律规则"及其对即时案件的适用与相关的"事实"之间,存在着持续穿梭和不间断的对话。案件"事实"必须被构建、转化和标准化,并在此过程中规范化。

本章指出,尽管"规则""事实""因素"和"自由裁量权"之间的区别作为量刑经验性描述中的类别是有问题的,但它们对量刑至关重要,因为它们是职业量刑工作社会目的性解释中的关键参考点。尽管我们应该注意,不要从字面上将其理解为一成不变的规则,同时也不能将其视为空洞的行话而不予理睬。量刑从业者不断地引用其,并用其来制造权威。正如我们将在第四章中看到的,其是量刑职业的工作、地位、世界观和角色表现的关键。

本章参考文献

Ashworth, A. (1989). Towards a Theory of Criminal Legislation. *Criminal Law Forum*, 1(1), 41–63.

Ashworth, A. (2017). Prisons, Proportionality and Recent Penal History. *Modern Law Review*, 80(3), 473–488.

Ashworth, A., & Roberts, J. V. (2013). The Origins and Structure of

Sentencing Guidelines in England and Wales. In A. Ashworth & J. V. Roberts (Eds.), *Sentencing Guidelines* (pp. 1 - 12). Oxford: Oxford University Press.

Bagaric, M., & Wolf, G. (2018). Sentencing by Computer. *George Mason Law Review*, 25(3), 653 - 709.

Baldwin, J., & McConville, M. (1977). *Negotiated Justice*. London: Martin Robertson.

Barnes, B. (1977). *Interests and the Growth of Knowledge*. London: Routledge.

Baumgartner, M. (1992). The Myth of Discretion. In K. Hawkins (Ed.), *The Uses of Discretion* (pp.129 - 162). Oxford: Oxford University Press.

Beyens, K., & Persson, A. (2017). Discretion and Professionalism in a Breach Context. In M. Boone & N. Maguire (Eds.), *The Enforcement of Offender Supervision in Europe* (pp.59 - 76). London: Routledge.

Boone, M., & Maguire, N. (2018). Introduction: Comparing Breach Processes. In M. Boone & N. Maguire (Eds.), *The Enforcement of Offender Supervision in Europe* (pp.3 - 18). London: Routledge.

Bourdieu, P. (1977). *Outline of a Theory of Practice*. Cambridge: Cambridge University Press.

Bourdieu, P. (1987). The Force of Law: Towards a Sociology of the Juridical Field. *Hastings Law Journal*, 38, 814 - 853.

Brown, G. (2017). *Sentencing as Practical Wisdom*. Oxford: Hart Publishing.

Cover, R. M. (1975). *Justice Accused: Antislavery and the Judicial Process*. New Haven: Yale University Press.

Dhami, M., Belton, I., & Goodman-Dellayhunty, J. (2015). Quasirational Models of Sentencing. *Journal of Applied Research in Memory and Cognition*, 4, 239 - 247.

Eisenstein, J., & Jacob, H. (1991). *Felony Justice: An Organizational Analysis of Criminal Courts*. Boston: Little, Brown and Company.

Emerson, R. (1983). Holistic Effects in Social Control Decision-Making. *Law & Society Review*, 17(3), 425 - 456.

Feeley, M. (1979). *The Process Is the Punishment: Handling Cases in a Lower Criminal Court.* New York: Sage.

Field, S. (2006). State, Citizen and Character in French Criminal Process. *Journal of Law and Society*, 33(4), 522–546.

Flemming, R., Nardulli, P., & Eisenstein, J. (1992). *The Craft of Justice*. Philadelphia: University of Pennsylvania Press.

Franko Aas, K. (2004). From Narrative to Database: Technological Change and Penal Culture. *Punishment & Society*, 6(4), 379–393.

Franko Aas, K. (2005). *Sentencing in the Age of Information: From Faust to Macintosh.* London: Glasshouse Press.

Freiberg, A. (2014). *Fox & Freiberg's Sentencing: State and Federal Law in Victoria.* Melbourne: Lawbook.

Hawkins, K. (1992). The Use of Legal Discretion: Perspectives from Law and Social Science. In K. Hawkins (Ed.), *The Uses of Discretion* (pp.11–46). Oxford: Oxford Socio-Legal Studies Clarendon Press.

Henham, R. (2018). *Sentencing Policy and Social Justice.* Oxford: Oxford University Press.

Hodgson, J. (2006). Conceptions of the Trial in Inquisitorial and Adversarial Procedure. In A. Duff, S. Farmer, & V. T. Marshall (Eds.), *The Trial on Trial: Calling to Account* (Vol.2, pp.223–242). Oxford: Hart Publishing.

Hodgson, J., & Soubise, L. (2016). Understanding the Sentencing Process in France. *Crime & Justice*, 45, 221–265.

Jacobson, J., Hunter, G., & Kirby, A. (2015). *Inside Crown Court.* Bristol: Policy Press.

Jacoby, J., & Ratledge, E. (2016). *The Power of the Prosecutor.* Santa Barbara: Prager.

Johansen, L. (2018). "Impressed" by Feelings-How Judges Perceive Defendants' Emotional Expressions in Danish Courtrooms. *Social & Legal Studies*. Advance Accessed 22 March.

Lacey, N. (1992). Escaping the Jurisprudential Paradigm. In K. Hawkins (Ed.), *The Uses of Discretion*. Oxford: Clarendon Press.

Liebling, A., & Price, D. (2003). Prison Officers and the Use of Discretion.

In L. Gelsthorpe & N. Padfield (Eds.), *Exercising Discretion* (pp.74 - 97). Cullompton: Willan Publishing.

Lovegrove, A. (1989). *Judicial Decision-Making, Sentencing Policy and Numerical Guidance*. New York: Springer.

Lovegrove, A. (1999). Statistical Information Systems as a Means to Consistency and Rationality in Sentencing. *International Journal of Law and Information Technology*, 7, 31 - 72.

Lovegrove, A. (2008). A Decision Framework for Judicial Sentencing: Judgment, Analysis and the Intuitive Synthesis. *Criminal Law Journal*, 32, 269 - 286.

McBarnet, D. (1981). *Conviction*. London: Martin Robertson.

McVee, M., Dunsnore, K., & Gavelek, J. (2005). Schema Theory Revisited. *Review of Educational Research*, 75(4), 531 - 566.

Mears, D. (1998). The Sociology of Sentencing. *Law & Society Review*, 32(3), 667 - 724.

Moody, S., & Tombs, J. (1982). *Prosecution in the Public Interest*. Edinburgh: Scottish Academic Press.

Pina-Sánchez, J. (2015). Defining and Measuring Consistency in Sentencing. In J. V. Roberts (Eds.), *Exploring Sentencing Practice in England and Wales* (pp.76 - 92). London: Palgrave.

Pratt, A., & Sossin, L. (2009). A Brief Introduction of the Puzzle of Discretion. *Canadian Journal of Law & Society*, 24(3), 301 - 312.

Reiner, R. (2010). *The Politics of the Police*. Oxford: Oxford University Press.

Roach Anleu, S., & Mack, K. (2017). *Performing Judicial Authority in the Lower Courts*. London and New York: Palgrave.

Roberts, J. (1997). The Role of Criminal Record in the Sentencing Process. *Crime and Justice*, 22(1), 303 - 362.

Roberts, J. (Ed.). (2015). *Exploring Sentencing Practice in England and Wales*. London: Palgrave.

Roberts, J., & Hough, M. (2002). Public Attitudes to Punishment. In J. Roberts & M. Hough (Eds.), *Changing Attitudes to Punishment* (pp.1–14). Cullompton: Willan Publishing.

Roberts, J., Ryberg, J., & de Keijser, J. (2018). Sentencing Multiple Offenders. In J. Ryberg, J. Roberts, & J. de Keijser (Eds.), *Sentencing Multiple Crimes* (pp.1–12). Oxford: Oxford University Press.

Rock, P. (1993). *The Social World of an English Crown Court*. Oxford: Clarendon Press.

Sewell, W. (1992). A Theory of Structure: Duality, Agency, and Transformation. *American Journal of Sociology*, 98, 1–29.

Shapland, J. (1981). *Between Conviction and Sentence: The Process of Mitigation*. London: Routledge & Kegan Paul.

Sudnow, D. (1965). Normal Crimes: Sociological Features of the Penal Code in a Public Defender Office. *Social Problems*, 12(3), 255–276.

Tadros, V. (2012). Fair Labelling and Social Solidarity. In R. Zedner & J. Roberts (Eds.), *Principles and Values in Criminal Law and Criminal Justice: Essays in Honour of Andrew Ashworth* (pp.67–80). Oxford: Oxford University Press.

Tata, C. (1997). Conceptions and Representations of the Sentencing Decision Process. *Journal of Law & Society*, 24(3), 395–420.

Tata, C. (2007a). In the Interests of Clients or Commerce? Legal Aid, Supply, Demand, and "Ethical Indeterminacy" in Criminal Defence Work. *Journal of Law & Society*, 34(4), 489–519.

Tata, C. (2007b). Sentencing as Craftwork and the Binary Epistemologies of the Discretionary Decision Process. *Social and Legal Studies*, 16(3), 425–447.

Tata, C. (2019). 'Ritual Individualization': Creative Genius at Conviction, Mitigation and Sentencing. *Journal of Law & Society*, 46(1), 112–140.

Tata, C., & Hutton, N. (2003, October). Beyond the Technology of Quick Fixes: Will the Judiciary Act to Protect Itself and Shore Up Judicial Independence? Recent Experience from Scotland. *Federal Sentencing Reporter*, 16(1), 67–75.

Tata, C., Hutton, N., Wilson, J., Paterson, A., & Hughson, I. (2002). *A Sentencing Information System for the High Court of Justiciary of*

Scotland: *Report of the Study of the First Phase of Implementation, Evaluation and Enhancement* (Centre for Sentencing Research).

Taylor, P. (Lord Chief Justice of England & Wales). (1993). Address to the Annual Conference of the Law Society of Scotland on 21st March 1993, Gleneagles. *Journal of the Law Society of Scotland*, *38*, 129–131.

Tombs, J., & Jagger, E. (2005). Denying Responsibility. *British Journal of Criminology*, *46*(5), 803–821.

Ulmer, J., & Johnson, B. (2017). Organizational Conformity and Punishment: Federal Court Communities and Judge Initiated Guideline Departures. *Journal of Criminal Law and Criminology*, *107*(2), 253–292.

van Oorschot, I. (2020). *The Law Multiple: Judgement and Knowledge in Practice*. Cambridge: Cambridge University Press.

van Oorschot, I., Manscini, P., & Weenink, D. (2017). Remorse in Context(s). *Social and Legal Studies*, *25*(3), 359–377.

van Zyl Smit, D. (2002). Mandatory Sentences: A Conundrum for the New South Africa? In C. Tata & N. Hutton (Eds.), *Sentencing and Society: International Perspectives* (pp.90–100). Aldershot: Ashgate.

Weigend, T. (1983). Sentencing in West Germany. *Maryland Law Review*, *42*(1), 37–89.

第四章
职业量刑者的工作：激活自主个人主义

[摘要] 本章阐明了职业量刑人员（如法官、律师、缓刑监督官）如何控制规则之间以及"规则"和"事实"之间的不确定关系。职业的概念和职业量刑人员的实际工作是管理官方规则与案件事实之间对话的关键。无论是在个人职业责任的理念中，还是在量刑专业人员围绕刑罚主体的社会性和协作性的工作中，自主个人主义的比喻都得到了体现和激活。量刑专业人员有义务将自己视为道德高尚、独立自主的个人，承担伸张正义的重任。本章从两个方面揭示量刑工作者如何以两种方式将集体问题个性化：首先，社会问题的责任落在专业人员个人的肩膀上；其次，刑罚的对象只能从自主个人主义的角度来考虑。

[关键词] 量刑　刑罚　自由裁量　案件事实　刑事司法职业　法律职业　个性化　个人化

导读

本章主要内容如下：解释量刑职业者（如法官、律师、缓刑监督官）负责管理规则和事实在其他方面的不确定性应用。第一节邀请读者思考我们应该如何设想量刑职业的角色（作用）。为此，第二节解释了职业的两个模式："特征模式"和我所说的"专有—控制模式"。量刑专业人员如何通过两种方式把集体问题个性化。首先,这些社会问题的责任,实际上被赋予给职业量刑者个人,他们被外界认为并且自己也认为要对公正的结果负责。然而,他们只能在个案基础上做出回应。其次,尽管承认社会情境,但刑事司法的主体最终只能从自主个人主义的角度来构想。最后,第四章认为,通过量刑专业人员的交际性社会活动,职业提出并激活了自主个人主义的隐喻。

第一节 建立规则—事实的对话:量刑职业的作用

了解职业工作:理解的问题

如果想知道法律决策在日常现实中是如何运作的,人们可能会从研究法律规则开始,希望它是决定性的。然而,正如我们在第三章中看到的,法律规则的实际意义很快就显现出来,并告诫我们,那取决于其在具体情况下的实际应用。规则取决于其实施的情境:具体的案件事实。因此,人们很自然地转向案件的"事实",结果却发现所谓的"相关事实"取决于"法律规则"。因此,研究决策的学者需要不断穿梭于规则和事实之间,否则无法理解决定决策的因素。

这就是自由裁量决策看似难以捉摸的原因所在,规则与事实之间不断对话:规则如何应用于事实,事实如何应用于规则——既无法理解,也不为学者所掌握。

专业人士处理一般与特殊、规则与事实、抽象与具体之间的关系。他们的工作和关系,在权威性的理念、决定性的规则和本案事实的特殊性之间进行持续的对话。通过考察职业量刑工作的理念和表现,我们可以理解规则与事实之间的不确定关系。因此,让我们来审视一下"职业"的含义及其相关的概念以及职业间竞争和协作的影响:边界维护。特别是,本章揭示了专业人员的自我形象、社会工作和责任对其自身和被判刑者的个性化影响。

第二节 职业的概念

我解释了"职业"和特别是量刑职业的两个模式:特征模式和专有—控制模式。在这两种情况下,职业人士不仅仅是拿工资的人(如职业运动员而不是业余运动员)。这两个模式都认为,职业者将一般原则应用于个别案例。然而除此之外,他们的工作和身份是不同的。

一、特征模式

职业的特征模式旨在通过确定职业是否符合某些基本特征来确定该职业是否为一个真正的"职业"(如 Marshall 1939;Parsons 1939;Sommerlad 2015)。常用的特征包括:基于规定课程的正规教育;职业准入的竞争性/选择性规定,对新入职人数的控制;自主、自治;必要时,可以暂停或者开除其职业资格;在将抽象、深奥的知识应用于个别案例方面的专长和准确性;职业的自主、自治意味着国家颁发职业许可证,享有对某一工作领域垄断控制权(例如通过注册)。最后,或许也是最明显的一点,作为国家允许一个职业控制某一工作领域,以抵御完全市场竞争的入侵的回报,该职业应要求其成员具有更高的道德标准。要成为专业人士,就必须要提高工作的道德标准,这与那些主要专注于利润最大化的简单的企业工作相比是不一样的。因此,特征模式认为,一个职业能够保证道德和利他主义行为,在这种行为中,当事人和公共服务的最大利益是至高无上的,胜过狭隘的个人利益(如金钱)、利己主义(如Marshall 1939;Parsons 1939)。

法官、辩护律师、检察官、社会工作者和缓刑监督官被要求,同时更自我要求以各自不同的方式被来努力提高道德标准。最重要的是,他们每个人都必须为他人的利益工作:当事人和/或公共利益。这种责任感和荣誉感,这种不对自己负责而对当事人和/或公共利益负责的主张,是量刑专业人士最重要的、自觉的情感。

二、专有—控制模式

专有—控制模式强调,获得高度"专业"地位的职业"拥有"一个工作领域:属于该领域的有界限的所有权。专业工作控制着规则与事实的关系。Johnson(1972:45)认为,专业主义是:

> ……一种特定类型的职业控制,而不是特定行业固有性质的表达。因此,职业不是一种行业,而是一种控制行业的手段。

(一)抽象知识的应用和专业所有权

在《专业体系》(*The System of Professions*)一书中,Abbott刻意回避一个非常狭窄的定义,没有对"职业"做严格的、技术性的定义,而是赞同和强调排斥性和知识的抽象性:"职业是在个别情况下应用抽象知识的在某种程度上具有排他性的个人群体"（1988：318）①。

正是这种将抽象知识应用于具体个案的能力，意味着量刑专业人员是量刑过程中司法的实际守护者。然而，这并不意味着抽象知识（理论）不重要。Abbott认为职业群体声称并获得"专业"地位的关键途径是通过引用官方抽象学术知识："抽象知识是中心"（Abbott 1998：102）。此外，

> 抽象是将跨职业竞争与一般职业竞争区分开来的品质……。只有由抽象控制的知识系统才能重新定义它的问题和任务，保护其不受干扰……抽象使其得以生存（Abbott 1988：9）。

正是这一假设，即行为是由官方的、抽象的理论知识决定与建构的，将"行家"的地位提升为"专业人士"。

（二）"规则"与"事实"之间无休止的对话

抽象的、一般的规则应用于当下的案件，不可避免地是一个不确定的问题，因而也是一个判断问题（职业裁量权）。职业的核心是对这种不确定性的控制和专属权，Johnson称之为"生产者—消费者关系"。这还包括经济学家所说的服务的"供给"和"需求"之间的关系。职业人士对供求关系所有权的实现，需要控制一般—特殊关系：对这两种通用知识的保管（即专门由职业人士持有的深奥的、正式的抽象知识）以及既定问题/案件的性质（"事实"）的

---

① 因此，训练有素的大陆法系的法官和律师出身的法官（尽管可能不是那么专业的法官）可以被视为"专业人士"，即使不符合职业的特征模式。

决定。最关键的是,"一般"和"特殊"之间的关系的所有权提供了控制和排斥:一个对另一个的"相关性""适用性"和"适当性"的决定。这种关系/对话是变化的、短暂的、难以捉摸的——最终它是不可理解的。但在量刑时,司法结构给人一种确定性的感觉——这种确定性,在非专业人士(如被告人)看来是易变的,忽隐忽现,似乎反复无常。那么职业道德和当事人选择又如何呢?

(三) 职业道德与当事人选择

人们可能会认为,关于一般规则和特定案例之间的相互关系的专业意见,从属于当事人选择的自主权。有专业建议和代理的消费者决定并选择何时、是否以及如何遵循专业意见。事实上,这种关系有时被比作出租车司机和顾客之间的关系(Mather 2003; Mather 等人 1995)。在这个类比中,作为顾客的"你",告诉出租车司机"你"想去的目的地(或结果),而出租车司机可以建议最有效的选项来达成"你"的意愿。出租车司机职业准入的监管和客户的警惕性,意味着"你"可以亲眼看到司机是否为了"你"的最大利益行事。"你"可以自己判断(如使用手机上的地图或应用程序)这个建议是否最适合"你"。如果"你"的司机不肯听"你"的喜好,"你"可以换一辆出租车。在这个愿景中,市场选择和质量管理确保了服务的供应满足客户的需求。然而,在提供专业服务时,市场机制的有效性更加有限,因为专业服务的"供给"和客户的"需求"之间的区别是模糊的。"事实"和"规则"的确定,特别是它们之间的相互关系,或多或少受到专业判断的影响。

虽然人们可能会承认,"规则"和"事实"的不确定性及其相互适用意味着专业判断(而非消费者主权)是关键,但可以说,赋予专业人员的道德责任限制了该判断的范围。专业人员的道德提升

（为当事人和/或公众的最大利益行事的义务）往往被作为对受刑事诉讼程序审判的人的进一步保护。然而，在这里，情况也更为复杂，像"当事人的最佳利益"这一原则的含义实际上是可塑的，并由一系列动态因素调节（Tata 2007a）。

思忖被告人最重要的决定：如何辩护？虽然从形式上来说，选择权属于被告人，但实际上，其选择取决于不对称的律师——当事人关系并由其塑造，这使得大多数当事人很难对案件进行全面的知情控制，从而"指导"律师（Tata 和 Gormley 2016）。研究刑事辩护律师与其委托人之间关系的文献清楚地表明，虽然理论上被告人"指导"其律师，但现实情况更为复杂。实证研究"始终强调大多数当事人的相对被动性"（Tata 和 Stephen 2006：732；Carlen 1976；Ericson 和 Baranek 1982；Jacobson 等人 2015；McConville 等人 1994；Newman 2012；Tata 和 Gormley 2016）。大多数（但并非所有）被告人的教育、社会和个人资源有限，再加上诸如吸毒等因素，会严重损害被告人的代理权。此外，受到刑事指控的直接压力和焦虑（特别是在等待审判或判决的羁押期间）、法律体系中不熟悉的方言以及刑事和法院程序的要求（在某些司法管辖区，法院的要求可能有所不同），都可能加剧这种局限性。

虽然不能否认被告人的代理权，但我们仍然可以看到，被告人作为"理性消费者""指导"其律师的想法通常十分离谱。也许我们不应该完全感到惊讶。职业道德规范具有重要的象征意义，但在任何特定情况下，其本身都不能起决定性作用。作为一种规则式的规范，道德规范的实际意义取决于专业人士和特定情况之间的流动性与偶然性的关系。就像在其他许多领域一样，规则是抽象的、笼统的、模糊的，有时甚至是矛盾的。如第二章所述，"规则"的实际意义取决于"案例事实"，反之亦然。

在辩护律师与大多数(尽管不是全部)当事人之间建立了不对称的关系,以及许多被告人对自己的案件承担坚定责任的能力相对有限的情况下,让我们进一步思考专业人士在量刑工作中的作用。在法律规则、案件事实和自由裁量权的相互作用中,职业以及职业的理念究竟扮演着什么角色?

通过控制形式的、抽象的知识(一般原则、规则等)与特定实例的事实之间的对话,专业人士似乎可以做出所有关键的决定,而把局外人排除在外。专业人士决定事实如何被选择、编辑和转换,规则和事实如何相互适用,确定规则和事实是否以及如何与案件"相关"。这样,专业人士的工作可能看起来很神奇,而对局外人来说是不可知的。这可能意味着,对规则和事实关系的专业控制是某种"骗局"、诡计或迷惑当事人的做戏(如 Blumberg 1967;Marsh 和 McConville 2014;McConville 等人 1994;Newman 2012)。然而,专业活动并不是不受限制的自主个人选择的结果,而是履行专业人员之间预期角色的要求、相互义务和惯例,产生了相互之间认可的交流(如 Mack 和 Roach Anleu 2007;Mulcahy 1994;Roach Anleu 和 Mack 2017;Rock 1993;Tata 2019)。职业关系激活并注入了规则与事实对话的现实。(如 Abbott 1988;Bastard 和 Dubois 2016;Tata 2007a、b)。在进行量刑工作时,专业人士制定彼此之间的关系并建立其自我认同。这一关键是自主个人主义的理念。

第三节 量刑专业人士的个性化工作

量刑专业人员的工作以两种方式将可能被视为集体问题(需

要通过明确的政治对话进行辩论和解决的问题)的问题个性化:首先,这些问题的责任落在了专业人士的肩上。其次,刑事司法对象在很大程度上必须从自主个人主义的角度来考虑。

一、职业责任话语中的自主个性化

尽管特征模式存在局限性,但它是专业人士要求对某一工作领域拥有专有所有权的关键。个人对案件承担责任的理念是"值得尊敬的专业人士"这一修辞的核心。虽然量刑是一个需要专业人士之间的沟通和负起相互责任的社会性、协作性过程,但专业人员也会觉得这个过程是以专业人士的自主个人主义为标志的。为了信奉自己的职业角色、地位和身份,在某种程度上人们还必须接受这样一种观点,即个人对案件负有单独的、个人化的责任。

量刑专业人士尤其是法官,是司法的实际守护人:他们致力于将崇高原则应用于具体案件,反之亦然。职业的缓刑监督官、律师尤其是法官,都很清楚自己在量刑中的责任:做出正确的判决。职业工作是通过个人主义的主观视角进行的,

> 其中个人是开展服务的真正单位,因为服务取决于个人的素质和个人的判断,并由不能转嫁到他人肩上的个人责任来支撑(Marshall 1939: 331)。

法律专业人士以不同的方式运用了一系列关于"案件的需要""公共服务""对法院的义务"等的辩护框架,这使得在任何特定情况下,精确的专业责任在伦理上都是不确定的(Tata 2007a)。然而,要自称为一名专业人士,其必须履行个人的和单独的道德义务。这种自主的个人责任感是一种负担,也被称为骑士式的利他

主义,勇敢而光荣地把他人和公共服务置于自我之上(Sommerlad 2015)。特征模式的一个伟大支持者 T. H. Marshall 解释了这种不可剥夺的个人责任感是如何与专业人士的自我意识紧密联结在一起的,并被认为是非常个人化的,

> 不仅仅是他的技能。他……(法律专业人士)需要表现出对人性的判断和理解,以及对……法律的知识(Marshall 1939:328)。

因此,专业人士,或许尤其是意识到"他们的"法庭负有对"正义"的责任的法官,可能会觉得这项工作是一项相对寂寞的、孤独的个人责任(如 Darbyshire 2011;Jamieson 2019;Roach Anleu 和 Mack 2017)。

这种对自主个人主义英雄担当的职业比喻的歌颂有着重要的关联性。它倾向于将社会问题转化为自主的个人主义的问题。那些原本可能被政治掌权者当作社会问题来解决的问题,现在被压在了专业人士的肩上,他们的自由裁量权意味着他们被要求以个人的身份来解决或缓解个别问题,其他则可能被认为是政治社会问题(Bourdieu 1987、1999;Lenoir 1999)。例如,人们可能会去看医生寻求帮助,这些问题可能表现为身体或心理健康问题,但很容易被界定为贫穷、不平等等社会问题。

它让职业者个人扛起解决社会问题的责任。社会问题在个别案例中由专业人士自行处理。专业服务必须"由个人责任支持,而个人责任不能转移到他人的肩上"(Marshall 1939:331)。"问题"被扔到专业人士的门口,除非他们能找到解决问题的方法,或者更常见的是把问题踢到另一个专业人士的门口。毫不奇怪,量刑专

业人士(如辩护律师、社会工作者、缓刑监督官,尤其是法官)在个人基础上做出决定时,感到了巨大的责任负担。社会问题对世界的影响体现在个性化的基础上:决定个人往往无法解决的情况以及他们的案件所暗示的潜在社会问题(Bourdieu 1987;Lenoir 1999)。然而,量刑专业人士的工作以另外一种方式再生了自主个人主义:惩罚对象的自主个人主义。

二、量刑对象的自主个性化

量刑专业人士需要在他们办理的每个具体案件中处理社会问题。部分原因是因为他们只能使用个人主义的处理方法,因而也只能通过自主个人主义的视角来诊断社会问题。为了完成(或"处置")案件,焦点必须放在自主个人主义的概念上,在这一概念中,除非另有说明,否则推定当事人拥有自主性。正如量刑专业人士的概念正是基于这种个人主义的自由观,法律也是如此运作并构成了作为量刑对象者的自由和理性的二元概念。

从以国家为中心的强制概念出发,法律程序必然会淡化法律无能为力的刑事案件的那些群体性特征(如贫困和社会剥夺)。法律和法律程序必须首先关注被认为是自主和理性的个人。"法院推崇一种正常人格的内隐理论,这是追究个人责任所必需的"(Fielding 2006:11)。通过宣告其日常实践和崇高原则,法律和惩罚制度(包括量刑)只能假定一种个人主义的观念,在这种观念中面前的当事人,

> 有选择、意志、意图、理性、自由等,同样,监狱、教养院和缓刑局也理所当然地接受这一观念,并将其投射到他们实际遇到的囚犯或当事人身上(Garland 1990:268)。

因此，即使试图为案件提供社会"背景"信息，也必须以个人为中心。大多数司法辖区采用某种方式向法院提供有关被判刑人的性格、背景、家庭和社会环境的信息。他们只能在个人的基础上这样做。这类信息（如判刑前报告[①]和减刑答辩）旨在"人性化"地处置当事人（Tata 2019），但只能通过将该背景下的责任个人化来识别。因此，个人被要求"承认"他们的社会排斥问题。

由于专业人士必须把自己限制在逐案解决问题的基础上，因此必须忽略共同的和群体的潜在的或系统的共性。通常情况下，这就变成一个根据职业可用的处理措施来诊断社会问题的成因的问题，而这种措施只能以个人为中心。因此，个体可能被描绘成自私或自我放纵，缺乏自律、自我意志或自我意识等。即使是旨在解决被认为会导致犯罪的问题的法院，也会或多或少地寻求通过追究个人责任的行动来处理这些问题，要求当事人表现出自制力和理性的具体模式（如 Miller 2007、2009）。

因此，贫穷、匮乏、身心健康差、有限的生活机会、忽视、虐待、成瘾等社会结构共性问题往往被边缘化。事实上，每天单调地逐案列举这些个人的不利条件，往往会使量刑专业人员感到某种疲倦的漫不经心，甚至产生一种无关紧要的情绪。这并不奇怪，我们也不应该（因为很多研究都有这样的倾向）谴责专业者个人（如 Tombs 和 Jagger 2006；Marsh 和 McConville 2014；Newman 2012；Newman 和 Ugwudeck 2014）。事实上，这样做

[①] 这些报告的名称各异（例如，量刑前调查报告、社会调查报告、刑事司法社会工作报告、法院报告、品格报告等）。随着时间的推移，世界各地不同的机构调查和向法院报告，包括社会工作组织、缓刑组织、志愿组织、私人公司。例如，参考 Beyens 和 Scheirs (2010)；Canton 和 Dominey (2018)；Johansen (2018)；Mair (2016)；Morgan 和 Haines (2007)；Robinson (2018)；Tata (2018)；Tata 等人(2008)。

未能摆脱英雄般的专业者的文化比喻,他们可以从不利条件和刑事司法的复合效应中拯救灵魂。事实明摆着,量刑专业人士个人几乎无法解决这些结构性的基本条件。贫困、剥夺、身心健康不佳、生活机会有限、疏于照管、虐待、社会和经济边缘化的故事比比皆是,因此显得平淡无奇。Tata(2019)发现,法官和辩护律师在量刑前的"背景"报告中忽略个人艰难境遇的情况是很常见的。举个例子,报告中的"教育"部分提到了罪犯的"学习困难"和曾上过"特殊学校",报告的暗示性可能会影响其对案件的理解:

> 法官7:我不需要知道他上的是哪所学校。
> 法官5:例如,如果他是伊顿公学、牛津公学或卫队的产儿,并且犯了这类罪行,你会说:"等等,这是怎么回事?"
> 法官6:现在,你已经证明了我的观点!
> 法官7:如果我上了当地的学校,没有拿到毕业证书,好吧,我的意思是我认为这不重要。但如果有人上过像伊顿公学或哈罗公学这样非比寻常的学校,那么也许这就是我们应该考虑的问题。

由于专业人士一再被谴责只关注独特的个人(而不是更广泛的人群),剥夺被视为不起眼的常态。它成为一个寻找"有趣"异常的基准(Foucault 1977:182-192)。讽刺的是,只有当一个人被认为是不寻常的(如享有上面摘录的特权)时,他们的社会环境才会被认为值得特别注意。这就提出了一个有趣的悖论,即对受惩罚的"独特个人"的人性化设想是否也是一个规范化的过程——这一点我们将在第五章中展开讨论。

第四节 结 论

规则(包括原则、指导原则等)是如此开放和不确定的,如此依赖于具体的"案例事实",因此,这些原则的实际意义取决于一般原则和个别案例之间的关系。专业工作就是在一般—特殊关系的管理中完成的。组成量刑程序的专业人士(如法官、律师、缓刑监督官)必须解释一般术语和原则的操作意义,并将其应用于"事实"的特定情况,反之亦然。

案件"信息"承载并构成了关系的含义。关系提供的不仅仅是量刑工作的"背景"。量刑工作也就是关系的实践、识别和协商。正如我们将看到的,量刑职业的社会活动不仅仅是一个环境或一个背景,它本身就是量刑工作。

通过专业人士的沟通性的、社会性的活动,职业制定并重新规范了自主个人主义的隐喻。他们通过两种方式做到这一点:首先,职业之间和职业内部的合作颂扬了独特的个人理念,从而能够快速处理案件。其次,通过职业间的竞争,职业工作将量刑宇宙划分为类似于私人财产的工作领域。现在让我们在第五章中展开这个论证。

本章参考文献

Abbott, A. (1988). *The System of Professions*. Chicago: Chicago University Press.

Bastard, J., & Dubois, C. (2016). Making Sense or/of Decisions? Collective Action in Early Release Process. In A. Hondeghem, X. Rousseaux, & F. Schoenaers (Eds.), *Modernisation of the Criminal Justice Chain and* the *Judicial System* (pp.169-172). Cham: Springer.

Beyens, K., & Scheirs, V. (2010). Encounters of a Different Kind: Social Enquiry and Sentencing in Belgium. *Punishment & Society*, 12(3), 309-328.

Blumberg, A. (1967). The Practice of Law as Confidence Game: Organizational Cooptation of a Profession. *Law & Society Review*, 1(2), 15-40.

Bourdieu, P. (1987). The Force of Law: Towards a Sociology of the Juridical Field. *Hastings Law Journal*, 38, 814-853.

Bourdieu, P. (1999). The Abdication of the State. In P. Bourdieu et al. (Eds.), *The Weight of the World: Social Suffering in Contemporary Society* (pp.181-188). Stanford: Stanford University Press.

Canton, R., & Dominey, J. (2018). *Probation*. Abingdon: Routledge.

Carlen, P. (1976). *Magistrates' Justice*. London: Martin Robertson.

Darbyshire, P. (2011). *Sitting in Judgement: The Working Lives of Judges*. Oxford: Hart Publishing.

Ericson, R., & Baranek, P. (1982). *The Ordering of Justice: A Study of Accused Persons as Dependants in the Criminal Process*. Toronto: University of Toronto Press.

Fielding, N. (2006). *Courting Violence*. Oxford: Clarendon Press.

Foucault, M. (1977). *Discipline and Punish: The Birth of the Prison*. New York: Vintage Books.

Garland, D. (1990). *Punishment and Society: A Study in Social Theory*. Oxford: Clarendon Press.

Jacobson, J., Hunter, G., & Kirby, A. (2015). *Inside Crown Court*. Basingstoke: Palgrave Macmillan.

Jamieson, F. (2019). Judicial Independence: The Master Narrative in Sentencing Practice. *Criminology & Criminal Justice*, 19(2). https://doi.org/10.1177/1748895819842940.

Johansen, L. (2018). "Impressed" by Feelings-How Judges Perceive Defendants' Emotional Expressions in Danish Courtrooms. *Social & Legal Studies*, 28, 250-269.

Johnson, T. (1972). *Professions and Power*. London: Routledge.

Lenoir, R. (1999). A Living Reproach. In P. Bourdieu et al. (Eds.), *The Weight of the World* (pp.239 - 253). Stanford: Stanford University Press.

Mack, K., & Roach Anleu, S. (2007). Getting Through the List': Judgecraft and Legitimacy in the Lower Courts. *Social and Legal Studies*, 16(3), 341 - 361.

Mair, G. (2016). What Is the Impact of Probation in Advising Sentencing and Promoting Community Sanctions and Measures? In F. McNeill, I. Durnescu, & R. Butter (Eds.), *Probation: 12 Essential Questions* (pp.61 - 83). Cham: Springer.

Marsh, L., & McConville, M. (2014). *Criminal Judges: Legitimacy, Courts and State-Induced Guilty Pleas in Britain*. Cheltenham: Edward Elgar.

Marshall, T. H. (1939). The Recent History of Professionalism in Relation to Social Structure and Social Policy. *Canadian Journal of Economics and Political Science*, 5(3), 325 - 340.

Mather, L. (2003). Fundamentals: What Do Clients Want? What Do Lawyers Do? *Emory Law Journal*, 52, 1065 - 1086.

Mather, L., Maiman, R., & McEwen, C. (1995). The Passenger Decides on the Destination and I Decide on the Route: Are Lawyers Expensive 'Expensive Cab Drivers'? *International Journal of Law and the Family*, 9, 286 - 310, at 7 - 11.

McConville, M., Hodgson, J., Bridges, L., & Pavlovic, A. (1994) *Standing Accused*. Oxford: Clarendon Press.

Morgan, R., & Haines, K. (2007). Services Before Trial and Sentence. In L. Gelsthorpe & R. Morgan (Eds.), *Handbook of Probation* (pp.182 - 209). Cullompton: Willan Publishing.

Miller, E. (2009). Drug Courts and the New Penology. *Stanford Law & Policy Review*, 20, 417 - 455.

Miller, E. (2007). The Therapeutic Effects of Managerial Re-entry Courts. *Federal Sentencing Reporter*, 20(2), 127 - 135.

Mulcahy, A. (1994). The Justifications of Justice. *British Journal of*

Criminology, *34*(4), 411–430.

Newman, D. (2012). Still Standing Accused: Addressing the Gap Between Work and Talk in Firms of Criminal Defence Lawyers. *International Journal of the Legal Profession*, *19*(1), 3–27.

Newman, D., & Ugwudike, P. (2014). Defence Lawyers and Probation Officers: Offenders' Allies or Adversaries? *International Journal of the Legal Profession*, *20*(2), 183–207.

Parsons, T. (1939). Professions and Social Structure. *Social Forces*, *17*(4), 457–467.

Roach Anleu, S., & Mack, K. (2017). *Performing Judicial Authority in the Lower Courts*. London and New York: Palgrave Macmillan.

Robinson, G. (2018). Delivering McJustice? The Probation Factory at the Magistrates Court. *Criminology & Criminal Justice*. Advance Accessed 23 July.

Rock, P. (1993). *The Social World of an English Crown Court*. Oxford: Clarendon Press.

Sommerlad, H. (2015). The "Social Magic" of Merit: Diversity, Equity, and Inclusion in the English and Welsh Legal Profession. *Fordham Law Review*, *83*(5), 2325–2347.

Tata, C. (2007a). In the Interests of Clients or Commerce? Legal Aid, Supply, Demand, and 'Ethical Indeterminacy' in Criminal Defence Work. *Journal of Law & Society*, *34*(4), 489–519.

Tata, C. (2007b). Sentencing as Craftwork and the Binary Epistemologies of the Discretionary Decision Process. *Social & Legal Studies*, *16*(3), 425–447.

Tata, C. (2018). Reducing Prison Sentencing Through Pre-sentence Reports? Why the Quasi-Market Logic of "Selling Alternatives to Custody" Fails. *Howard Journal of Crime and Justice*, *57*(4), 472–494.

Tata, C. (2019). "Ritual Individualization": Creative Genius at Conviction, Mitigation and Sentencing. *Journal of Law & Society*, *46*(1), 112–140.

Tata, C., Burns, N., Halliday, S., Hutton, N., & McNeill, F. (2008). Assisting and Advising the Sentencing Decision Process: The Pursuit of

'Quality' in Pre-sentence Reports. *British Journal of Criminology*, 48(6), 835–855.

Tata, C., & Gormley, J. (2016). Sentencing and Plea Bargaining: Guilty Pleas Versus Trial Verdicts. In M. Tonry (Ed.), *Criminal Courts and Prosecutors — Criminology & Criminal Justice. Oxford Handbooks Online*. New York: Oxford University Press. https://doi.org/10.1093/oxfordhb/9780199935383.013.40.

Tata, C., & Stephen, F. (2006). Swings and Roundabouts: Do Changes to the Structure of Legal Aid Remuneration Make a Real Difference to Criminal Case Management and Case Outcomes? *Criminal Law Review*, 8, 722–741.

Tombs, J., & Jagger, E. (2006). Denying Responsibility: Sentencers Accounts of Their Decisions to Imprison. *British Journal of Criminology*, 46(5), 803–821.

第五章
量刑界的人性化工作：
个性化和规范化

[摘要]职业量刑人士的工作不仅是对案件做出决定，而且还要不断地沟通和巩固各个量刑工作领域专属所有权之间的界限。在不断巩固这些界限的实践中，量刑过程被分割成一个个独立的实体，彼此之间几乎没有联系。然而，对于受制于这个过程的人来说，它必须被视作是一堆杂乱无章而相互关联的影响。虽然职业量刑人士和支持性的学术研究以流畅连续的术语刻画了量刑过程，但是被告人已经（并且被暗地里鼓励）将过去和未来决定的潜在影响与其面临的直接决策联系起来。在没有任何控制计划的情况下（事实上，也正是因为它的极其缺乏），各自治职业领域内的独立工作共生地实现了快速处理案件和产生"理想"罪犯这两个隐性的共同目标。这是通过两种方式完成的：一是通过人性化工作，实现被起诉者处遇的个性化，并要求其承担个人责任。二是由于不同职业的工作之间连接松散，被起诉者不得不尝试预测其在程序的另一个（看似独立的）阶段的自我展示的后果。

[关键词]刑罚　减轻　矫正　人性化　认罪答辩　悔过　刑事司法效率　律师　被告人　量刑前报告

导读

　　本章的内容如下：第一节阐述了各个不同职业对量刑程序中明显不同领域的排他性和所有权的控制。第二节认为对被告人进行的人性化工作的做法也应与"理想"罪犯的概念保持一致，即自由而真诚地接受罪行。第三节进一步发展了这一论点，提出各个自主的量刑职业团体的工作之间的脱节有利于"理想"罪犯的产生。通过将这一过程划分为互不关心彼此工作的独立职业领域的专属责任，个人经验的特点是脱节的。最后，第四节指出正是由于缺乏整体性的协调制度、深思熟虑的计划或控制意识，才如此有效地培养出"理想"的罪犯。

第一节　职业界限

　　第四章揭示了量刑职业专属工作如何通过两种模式将集体问题个性化。首先，这些问题的责任由个人承担。其次，相应地，刑事司法的主体（如被告人）必须从自主个人主义视角考虑。然而，表明个人作为一个独特的、完整的人必须在其社会背景下做出决定的工作（如量刑前报告、减刑请求等）又怎么样呢？本章认为，"人性化工作"对被告人认罪起到了关键作用，这种认罪被证明是自由的和真诚的，但人性化工作很少被注意到。虽然其通常被视为一种缓和与阻碍惩罚的良性干预，但也倾向于产生"理想的"应受惩罚的违法者，这些违法者自由而真诚地接受个人的罪行责任。

跨职业竞争和量刑工作的划分

　　Roach Anleu 和 Mack 一致认为：

职业边界的维护：声称某些做法、任务和责任是法定的法律工作，因此只能由专门的司法人员执行……为了达到这一目的，法律专业人士往往会诋毁其他职业的工作，声称他们在处理"法律问题"时不够专业或能力不够，或偏见更大（Roach Anleu 和 Mack 2001：158）。

法律要求法律工作者（如法官）和矫正专家（如缓刑监督官）在分配控制与惩罚方面具备专门知识。量刑工作的跨职业竞争加强和界定了量刑的司法所有权（更广泛地说是法律所有权）。在所谓的对抗制中，交流和竞争的关键点是在量刑前的减刑和人性化工作。辩护律师量刑前的减轻罪责答辩很容易成为导致其和法官之间关系紧张的一个敏感点。辩护律师必须找到一种方法来说服法官做出更宽大的判决，但又不能侵犯法官的量刑所有权。例如，辩护律师要学会小心避免提出指导性的主张。然而，由于职业距离大于辩护律师和法官之间的距离，诸如量刑前报告之类的对象可能成为两种职业的世界观、术语和目的之间进行隐性谈判与竞争的场所（Tata 2018）。

一种职业可能会嘲笑另一种"外来"职业的主张，将其视为对自己领地的侵犯。法官（律师也是如此，不过程度要轻一些）可能会抵制或厌烦社会工作者或专业缓刑监督官"推荐"的概念，嘲笑他们"不切实际"或缺乏"可信度"（如 Mair 2016；Morgan 2003；Morgan 和 Haines 2007；Tata 2018）。此类论点的逻辑可能会被另一种职业颠覆或颠倒，例如法官和辩护律师只阅读量刑前报告的结论，或"前后颠倒"地阅读（如 Beyens 和 Scheirs 2010；Tata 2018）。然而，正如我们将看到的，这种隐含在职业间的竞争在维系对自治工作领域专属所有权的同时，也往往会产生无意的效果：产生了一群"理想的"罪犯，他们明显自愿和真诚地接受刑事责任。

第二节 彰显合法性：培养"理想的"当事人

日常量刑工作中的常规做法是由一个个职业将工作领域的所有权划分为独立和分离的领域。这可能会对被告人的人生产生重大影响。对于职业量刑人士（以及支持他们的学术和职业的学科）来说，将这个过程视为由不同职业控制的一系列连续的、自主的决策点是有意义的。不同的决策点（如逮捕、起诉、关押或有条件释放、定罪、减刑答辩、量刑前报告、量刑、刑罚执行等）分别由不同的职业各自"专揽"，并以其各有的方式解释和构建世界。然而，对于被告人来说，情况却并非如此。他们必须把这个过程看作是而且应当是彼此有着千丝万缕的联系，而不是一系列离散的、不相关的决策点。职业量刑者必须被视为对这些内在的联系视而不见。每个正式的决策点必须被视为自主的，与其他决策点没有任何联系。因此，没有量刑职业人士要对他们之间的相互联系"负起责任"。至于一个决策对另一个决策的影响，被告人必须把它们关联起来，他的辩护律师可能会通过微妙的点头和轻轻触碰加以提示。因此，可以相当诚实地说，没有任何职业量刑者对当事人施以压力、暴力或公开恐吓，例如迫使其认罪或接受商定的犯罪叙述。因为确无必要。

在某种程度上，由于存在自主的不同的职业孤岛，只有被告人才必须穿越刑事诉讼中不同的官方阶段，每个阶段都由不同的职业负责。他必须考虑他的自我介绍(如关于他的性格和他对自己承认的罪行的描述)可能会对后续的决定产生怎样的影响。陷入刑事司法的被告人必须通过自己的努力来获得预期的利益(如从关押候审中保释、减轻罪责、减刑、放宽社区监管或监禁管理、假释等)。这需要重新设定一个人的行为、自我呈现和对罪责的描述。这些行为和观点的改变意味着这个人开始与"理想"罪犯的形象对齐。"理想的"罪犯愿意承担个人责任,并自愿、真诚地承认自己的刑事罪责。重要的是,这一切都不是靠一个大阴谋实现的。它并不通过精心规划、深思熟虑,也不出于恶意,而正是由于程序中不同阶段的自主性没有设计和协同工作。通过这种方式,各个职业工作之间的脱节就产生了共同的目标。在刑事诉讼过程中,"属于"不同职业的正式分离的各个阶段的不同价值观和要求,产生了对"理想"罪犯的案件的快速办理。

人性化工作要求接受自主的个人责任

量刑过程中的"人性化工作",是指那些提供对被告人进行人性化处理的机会的行为,以便量刑法庭能够将其作为一个完整的人来理解和看待。这并不是为犯罪行为开脱,而是为了让它更容易被理解。人性化量刑让人们把人作为一个整体来认识和理解,从而阻止不人道地科刑的倾向。量刑中的人性化工作包括实际的和潜在关注的过程:在量刑中将被告人视作一个有背景的整体的人;被告人的个人境遇和社会环境;他独特的人生故事;他对案件处理的看法;从轻处理的可能性;对他性格的审视;他的犯罪经历;最重要的是,他对自己的责任和罪责的态度。这项工作结合了实际的和预期的收集信息的手段,以了解和描述与犯罪有关的行为人。

"人性化工作"对所有声称合法的刑事制度都至关重要。要区分合法的刑罚和单纯的暴力,就需要在量刑过程中作仔细审查,并仔细审查整个人。正如我们在第四章所看到的,量刑只能对被告人进行个性化处置。尽管有人试图"考虑"集体问题的背景、分配不公和贫困,但是量刑努力做的不仅仅是承认"社会情境"。量刑一次只能处理一个个案。因此,量刑中的人性化工作需要个体化:一个将社会解释边缘化并将问题转化为自主个人责任的过程。除此之外,别无他用。

(一)职业量刑者的三重责任

作为法律职业者,法官和律师必须体认到自己肩负着三重责任,尽管方式各不相同(如 Tata 2007a;Mather 等人 2001)。第一,作为职业人士,他们需要以合乎道德和荣誉的方式为当事人和/或公众服务,他们必须认为自己的行为和作用在程序中是正当的。第二,法律职业人士是司法实际的管理者:他们致力于将崇高原则应用于具体案件,反之亦然。律师尤其是法官,强烈地意识到个人在量刑中有责任做出正确的判决。

量刑职业者以不同的方式,采用"案件的需要""当事人的最佳利益""当事人的需求""公共服务""对法庭的责任"等一系列的辩护框架,这使得在特定情况下,确切的职业责任在伦理上都是不确定的(Tata 2007a)。然而,要自称为一名职业人士,那他就必须制定个人的、单独的道德责任。事实上,他们已经成功地收获了相当的荣誉(Sommerlad 2015)、社会地位和道德的尊崇(如 Bourdieu 1987;Roach Anleu 2009)。对于法官来说,量刑特别困难,因为尽管是协作性的(如 Tata 2007b),但是通过在司法观念中占有重要地位(Darbyshire 2011;Jamieson 2018)的司法独立的"主导叙事",它仍然是一种孤独而不可避免的个人负担。

第三,刑事司法职业人士(特别是初审法院和上诉法院里那些办理案件的人),不可避免地面对与大多数被告人之间巨大的社会鸿沟,以及贫困、虐待、疏于照管和成瘾的影响。由于职业人士意识到他们有能力直接减轻那些每天与他们接触的人的明显痛苦,因此他们必须证明自己的行为是正当的并做出解释。特别是在初级和中级法院,法官每天都要面对一连串的人类苦难。正如在 Roach Anleu 和 Mark 的研究中,一位法官所观察到:

> 哪怕还残存一分人类的情感,你就会看到绝对的苦难出现在你面前,日复一日、月复一月、年复一年。你会看到被迫带着小孩进监狱的女人;你会看到年轻人——要知道,他才20多岁啊,人生中完美的黄金年华!却被毒品和酒精弄得疲惫不堪,因殴斗牙床空落落地来到法庭;你还会看到精神病患者,那些因过度使用毒品而导致精神分裂和偏执的人。所有这些不幸,日复一日,循环无端(Roach Anleu 和 Mack 2017:19)。

这可能会与职业人士的另外一个共同价值,即"高效的案件处理"产生冲突。虽然并非没有紧张和一定程度的竞争,但是量刑职业要尽量减少冲突(尤其是证据有争议的审判),对事实达成一致,并希望以尽可能少的努力完成量刑程序。尤其在初级和中级法院,预期被告人认罪是常态。这意味着,特别是在所谓的对抗制中,很少会听到被告人的声音,如果有的话。然而,公平需要参与进来,需要确保让被惩罚人参与,自愿而真诚地选择接受这一过程的合法性。

故意施加伤害和控制需要正当理由,没有正当理由则将构成无理的暴力,而不是合法的惩罚。肩负三重责任的量刑职业人士,根据他们自己珍视的标准,认为这是一个草率的过程。

以往对法律职业人士自我辩解的研究大多强调个人的内在对话,例如认为案件"微不足道"和/或认为自己并不真正负责任(Tombs 和 Jagger 2006;Sykes 和 Matza 1957)。在不否认内部自我辩护对话作用的前提下,三重责任不能这样被轻易地忽视,因为它们恰恰是司法职业人员主观的感受。

因此,职业人士特别是法官,必须表明自己正在主持一个公平、合法的程序。怀疑和不确定性的威胁不能通过诸如告诉自己案件微不足道,或者自己不是真正的责任人等此类内部对话而完全消除。通过参与一个减少疑虑的程序并目睹其结果(自由而真诚地承认罪过并接受惩罚),职业人士可以亲眼看到正义得到伸张。

这就是人性化工作对确保正义的伸张使人信服的至关重要的地方。通过密切关注被告人,不将其归为同类的、标准化的和流程化的之一,而是作为一个独特的个人,量刑程序表明它正在满足道德和职业要求。重要的是,这些过程应当展示给量刑界,所以必须让人看到它的执行,在职业人士面前,与他们一起完成。

(二) 看见并展现人性化的完成

这些人性化的执行在不同的司法辖区(甚至在一国内部)是不同的。在实行所谓纠问主义的国家,这项调查可以从一开始就作为调查此人有罪还是无辜以及罪责的一部分进行(Field 2006、2018;Hodgson 2006),或由法官讯问被告人的生活,作为调查其是否有罪的一部分①。在所谓对抗制的国家,审判过程分为两个阶段,首先是有罪判决,然后是单独的量刑阶段,这是通过定罪(通常是通过认罪答辩的方式)后减刑阶段来完成的。人性化工作通常是通过一个关于罪犯的个人情况、对犯罪和有罪的态度的判决前报告来完成的,这反过来可以为辩护律师减轻罪责的答辩提供信息。

在急于减少较轻的案件中使用监禁的学者和政策团体中,人们经常说这种人性化工作可能会破坏对案件(人)原本简单和直截了当的处理。通过将犯罪背景化并赋予罪犯人性,人们往往认为量刑法官会认为犯罪是可以解释的(虽然不可原谅),因此加大了监禁决策的难度(Tata 2018;还参见 Mair 2016;Morgan 2003;Morgan 和 Haines 2007;Canton 和 Dominey 2018)。这意味着缓刑工作是"刑事司法系统中的一种人性化的力量"(Newman 和 Ugwudike 2014:202-203),"从业者有可能重新找回罪犯的人性"(Newman 和 Ugwudike 2014:186)。刑罚应当刺痛当事人的良心,这样就正如 Hudson(1996:151)所坚称的,刑罚只打击"坏良心"。

因此,人性化被广泛视为一种美德,它纠正了那些被视为日益去语境化和管理式的量刑的做法。人们一再担心人性化正在被标准化所取代,无论这是因为"信息时代"的兴起(Franko Aas 2005)、法律援助的减少(如 Ward 2017)、管理主义(如 Newman 和 Ugwudike 2014)或是判决前报告的"麦当劳化"(Robinson 2018)的结果。然而,允许被告人的声音也可能对刑事处罚程序的合法性和公平性提出公开的或者隐蔽的挑战。要求等待判决的人说明

---

① 在混合制中,这可能被委托给幕后的报告撰写者,他们的报告在有罪决定阶段被加以考虑(Johansen 2018)。

其责任可能是个棘手的问题。其陈述可能含糊不清,或与正式的答辩不一致,或有明显的困惑,或公然或暗含挑衅,或辩白无罪,或在某种程度上是具策略性的(如 Jacobson 等人 2015)。为了符合自由地参与被告人自愿认罪的法律理念,认罪必须是自由和真诚的。但是被告人可能是被迫认罪,例如,为了从羁押中获得释放,或对法庭程序缺乏信心,或为了避免更重的刑期,或做出严格的法律承认但声称在道德上是无辜的。所有这些都对程序的合法性构成了威胁:这意味着认罪的自由选择可能根本没那么自由。

(三) 人性化如何促进案件的高效办理

人们通常认为,案件的快速处理(通常称为"效率")会被人性化拖慢:人性化越少,速度就越快,反之亦然。人性化工作可能因仅视作对快速处理案件这一"主要"工具性任务的"仪式性"的或装饰性的补充(Hagan 等人 1979;Rosencrance 1988)而被忽略。然而,人性化通过其转变性的案例工作,也能使案件得到迅速处理(所谓的"效率")。法庭共同体能够看到并参与到被告人的司法过程中。虽然这样的工作往往会打乱流水线司法的意识,停下来认真考虑一下,但同样地,这种展示出的人性化工作往往会肯定而非破坏职业量刑共同体的公正感。通过"挽救罪犯的人性"(Newman 和 Ugwudike 2014:186),表现出同情和关心,实现并加快案件的顺利处置。

三个简短的例子可以说明,事实上人性化工作通常倾向于促进而不是破坏快速处理案件。第一,辩护律师的减刑答辩得到了量刑前报告的帮助和启发,这些报告提供了宝贵的信息和背景。一些法官甚至会说,他们不需要听取冗长的答辩,因为他们面前有份报告。

第二,对疲于应付大量案件的辩护律师来说,这有助于当事人关系的理顺和融洽。辩护律师可以依靠量刑前调查和报告获得有关当事人的有价值的信息以提交给法庭,并与当事人建立融洽的关系。辩护律师自己可以从这种个人背景的调查和报告中获取商业价值,同时也可以安抚当事人,让他们相信,自己是被当作一个人来对待(Tata 2019:130—131),我描述了在一些辩护律师事务所中律师是如何通过当事人数据库"记住"生活的独特细节(讽刺的是,下文称为"常规数据"),一位辩护律师解释了双赢的价值:

> 融洽的关系。实际上,大多数当事人在看到他们以前没有见过的人时,他们的抱怨是"你不了解我的案子"。我们将量刑前报告存储在数据库中,当一个当事人进来,而你已经一年没有见过这个当事人时,这非常有帮助。我们可以提取报告,在两分钟内,你就有了当事人的完整历史,然后你就可以在以下基础上与当事人交谈——你的孩子怎么样了?这事、那事、其他事进展怎么样?你的情况如何?你能立刻确切地知道这个当事人的历史,事务所里的每个人实际上都可以立刻对这个当事人有非常全面和详细的了解。如果我派一名律师去监狱,而该律师以前没有见过当事人,他得到的是一份之前的报告。当他到达监狱时,他可以像认识了这个当事人一百年一样地和他谈论,在谈话间,他也能感受到这个当事人能意识到这个律师对他表现出兴趣:"这个律师了解我。"而大多数报告将这些信息记录得都很好。这实际上对当事人有巨大的影响:你也增强了他的自尊心。

那么在这里,被告人受到了尊重,被作为一个独特的个体展示给辩护律师,其没有因为机械化制度的冷漠而灰心,而因个性化工作得到了尊重。令人高兴的是,这意味着更强的协调性、满意度:调和了"人性"和"效率"这两个看似对立的价值。正如律师指出的那样,它还能增强人的自尊,虽然这可能很容易被认为是维护关系的噱头或伎俩(如 Blumberg 1967;McConville 等人 1994;Marsh 和 McConville 2014;Newman 2012)。作为一个重要的个体被对待、被倾听,表明律师站在当事人的一边,这些都是被告人用来判断他们的律师质量的关键价值(如 Goriely 等人 2001;Tata 2007a)。

报告程序的人性化工作还可以通过第三种方式帮助加快案件的进展:控制当事人的期望。它将选择机会的责任放在被告人的身上。辩护律师应该"管理"他们的当事人,扮演"双重代理人"的角色,既要为当事人服务,又要作为法庭的"官员",对法庭及其顺利运作负有责任。被告人可能会被委婉地告知:"这是你的机会,也是你的责任,要赢得报告撰写者的青睐并获得有利的判决。"例如,我(Tata 2019)讨论了辩护律师如何向当事人传达某些信息,让他们向量刑前报告的作者表达对所犯罪行的看法。一位辩护律师是这样解释的:

> 我会对当事人说,"这是你推销自己的机会",你知道,在犯罪发生后,如果当事人没有抓住这个机会,回来看了一份糟糕的报告,那么你就会说,"好吧,你知道,这就是事实……"通常情况下,我对当事人将要发生的遭遇持相当悲观的态度,因为这是一种更容易与当事人打交道的方式。之后,如果真的发生了不好的事情,你说,"好吧,你看,我早就告诉过你啦!"

（四）人性化工作如何帮助罪犯真诚地接受刑罚

Van Oorschot 等人（2017：15）解释了被告人面临的"第二十二条军规"的荒诞处境。一方面，被告人被要求"讲述自己的故事"，并对所发生的事情进行因果和时间上的说明，（然而另一方面）被告人必须同时"承担（罪行）责任"作为悔罪表现的一部分……（Van Oorshot 等人 2017：2）。在这样做的同时，在得到这个机会来讲述其故事时，有人向其解释说，断然否认或矛盾的叙述会对其不利。为了减轻罪责，其必须"承认"罪行，完全自由和真诚地承担其责任。与正式认罪相矛盾的解释似乎阻碍了有效处理每一案件的能力。此外，如果这被讥讽地当作一种玩弄体制的方式，很可能会激怒职业人士。同样有问题的是，被告人表现出消极的不参与感，甚至没有尝试展示出任何兴趣或情感。Van Oorschot 等人（2017）注意到这种明显的无动于衷的表现可能会引起愤怒。法庭上的人往往会注意到这样的被告人，"他只是坐在那里而已"。法庭的合法性不仅没有被承认，甚至被蔑视（Weisman 2014）。

人性化工作产生的知识及其演示确认了公正性。人性化工作不是对一个以某种方式（无论是含蓄地还是公然地）否认全部罪责的抵抗性主体施加暴力，而是产生了一种倾向于接受惩罚的声音。就公正程序的证明而言，还有什么比接受其公平性并认为惩罚罪有应得的被告人更令人信服？它打消了人们对法院在一个可能显得过于敷衍的程序中损害权力的公平性的潜在怀疑。通过量刑前的人性化工作，被告人的认罪向法院清晰地证实了其自身暴力的正当性。在一个坚信个人知道并按照自己的最佳利益行事的制度中，没有什么比听到这个人——最好是用他们自己的话和感情——表达他们对罪责和要受到的惩罚的认可更有效的了。因此，量刑者可以免除关于刑罚的伤害是否合理的争论和不确定性，因为被告人已经接受它是公正的(Tata 2019)。

人性化工作可以通过四种方式转变案件,从而使被告人自由而真诚地承认罪行、承担罪责。第一,通过有目共睹地倾听被告人的声音,对专业人士匆忙办案和不将被告人视为人的担忧得以缓解。人们看到这个人分享其人生故事。第二,正如我们在第四章中所看到的,一个又一个的案件在考虑社会弱势地位,社会劣势的重要性被最小化了。在被告人群体中贫困和弱势如此寻常,似乎不值得关注。第三,在人性化工作的预期和实践中,往往会消弭抵抗的迹象,将其转化为认罪,最理想的是悔罪。在人性化工作中,不和谐的否认叙事可能会被修改。判决前报告的撰写者和辩护律师往往会特别"当心"与正式认罪不一致的陈述。

前后矛盾会使人们对程序的公正性产生怀疑,让所有相关人员都感到尴尬。律师往往会劝阻当事人不要提供与其正式认罪相左的陈述。第四,人性化工作将被告人转化为应受惩处的罪犯。通过提醒被告人不利判决的风险以及过程中更广泛的痛苦(如Cheng等人 2018;Feeley 1979),在报告和减刑答辩的人性化工作中,往往会将被告人陈述中明显的否认或嘲讽降至最低。被告人的顺从或"被动接受"(Jacobson等人 2015)被转化成主动接受;在判决前报告中,被告人的困惑往往被转化为自主性和意识。这是因为人性化工作需要被告人说出"发生了什么",还要表现出恰当而真诚的(最好是悔过)负罪感。

(五) 悔罪与合法性在职业工作中的作用

学术界一直在争论悔罪(或相关的悔恨、羞耻感等)是否应该影响量刑,如果应该,又是如何影响量刑的(如 Bandes 2015;Maslen 2015;Proeve 和 Tudor 2010)。主要问题围绕着法庭和其他决策机构（如假释委员会）能否搞清楚被告人的悔过是真心的还是策略性的诈伪之举；能否确实减少某人再犯的可能性；如何通过社会差异和社会不平等的分类来折射出对悔罪的解读。然而，尽管上诉法院也注意到了这些问题，但决策者似乎仍然执着于寻找能判断悔罪是真心还是虚假的迹象（Weisman 2014）。

这是为什么？这个难题的一个答案可能得重申这种调查的逻辑和经验缺陷，并指出决策者是非理性的（如 Bandes 2015；Roberts）。然而，对于决策者为何不可避免地着迷于搜寻被告人悔罪的迹象，可能有另一种解释。悔罪也许是接受责任的终极表现。它（与羞愧、后悔等一起）表明，这个人认识到真正的个人道德罪责和即将到来的惩罚的合法性。事实上，被告人的悔意被视为同意甚至希望得到对其的暴力惩罚。这是法院不仅有惩罚的权力而且正确惩罚的最好例证。正如被告人消极地推脱或公开否认法院的合法性是在发起挑战，不能被接受（Van Oorschot 等人 2017；Weisman 2014），而被告人完全和彻底地接受可以被视为对程序及其组成者的间接赞美：被告人的服从为审判的公平性提供了终极的宣示。另外，拒不认罪、前后矛盾或心口不一的认罪，等于挑战法院的合法性。

只有从迹象中显示出诚意，职业量刑界才能真正相信被告人所说的悔罪（Rossmanith 2015）。共同证实和感知到的悔罪的适当表现，可以成为团结职业共同体的强大动力。它证实了该过程的公平性。然而，悔罪必须被适当地表达出来。矛盾的是，量刑职业人员无法确定悔罪是否"真实"（Bandes 2015），或者他们是否被被告人"愚弄"了。对悔罪的真实性不可避免会产生怀疑，而这正是因为职业人士知道被告人面对的是法院的权力。讽刺的是，这种经常挥之不去的怀疑是量刑界本身做法的直接后果。通过提供减刑的承诺和一系列潜在利益,被告人被鼓励(提前)认罪。然而,这些潜在利益的可获得性必然会让人怀疑这种认罪是否真的是自由和真诚的(Weisman 2009、2014)。我们已经看到,在现实中,被告人被暗中鼓励预测一个决定(如答辩)的未来后果和对答辩的态度。这种在时间上往返穿梭的要求是至关重要的,我们现在就来谈谈这个问题。

第三节　职业间的脱节如何培养出"理想的"被告人?

在学术和实践的文献中,为什么很少关注人性化工作对答辩可能产生的后果?同样地,为什么在刑罚执行的工作和文献中,对提出正式抗辩的情况同样不感兴趣?相反,每个职业领域似乎都对另外一个领域的工作视而不见。形式上,"法律"和"矫正"这两个领域是分开的。"法律"(由法官和律师组成)负责定罪和判刑前的情况。"矫正"(由缓刑监督官、社会工作者、心理学家、监狱管理人员等组成)正式负责刑罚的执行。通俗来讲,刑罚执行的预期影响着关于如何答辩和被告人自我陈述的决定。被告人必须权衡,如果其被认为是在"否认"或尽量减轻罪责,那么其是否会被认为"适合"社区刑罚,或者会帮助其获得有条件释放的监狱项目(如假释)。同样,如何执行判决也会受到对定罪性质和被告人罪责的解读的影响(如 Hall 2016;Schinkel 2014)。缓刑、监狱及其他执行判决的人员必须监控当事人的合作性和改过的意愿。这直接影响了被告人对惩罚痛苦的预期体验,包括形式、强度和持续时间,以及对其"紧张、深刻和沉重"的主观体验(Crewe 2011)。

通俗来讲，在被告人必须自我展示的方式上，答辩的法律问题和刑罚执行的矫正问题相互交织，共生运行。它们共同产生了封闭式认罪，以及个人对自己的惩罚的接受和自愿同意的现象。在产生"理想的"、有责任感的罪犯并接受责任和惩罚的合法性方面，一个孤立的运作方式将远远不能产生效果。人性化工作（包括矫正和改造工作）要求不质疑他们的真正责任，因为只有这样他们才能被认为适合"合作"来实现个人的、内部的转变。一个独立于另一个运行，在产生"理想"方面的效率要低得多。因此，举例来说，否认指控的被告人在证据有争议的审判后将自己置于被定罪的不利地位。对于认罪但在量刑阶段持更含糊的立场的被告人，引导其预测，其立场会给负责作出改造判决（如缓刑或监狱的更生项目）的法院留下负面印象。辩护律师可能需要向当事人指出这一点：

> 在某些情况下，例如……一个非常勉强的认罪……当你在脑海中坚信当事人犯了某种罪行，但是当事人却不是这么肯定……经过讨论后，当事人指示你其愿意认罪……那么我会对其说："如果你对写判决前报告的社会工作者说你没有做这个，或者你是无辜的，那会给你带来麻烦，也会给我带来麻烦。"(Tata 2019)

因此，被告人得到暗示，必须把自己置于在证据有争议的审判后被定罪的位置上，或持认罪但保持模糊的立场，而不是全心全意地认罪。其必须及时"快进"，想象一下刑期可能被加重或减轻，想象自己在监狱里、申请假释，或不得不"配合"改造或矫正的困难。因此，被告人必须在精神上跨越职业惩戒的界限。一方面，有人解释说(如辩护律师),如果在庭审定罪后其仍继续宣称无罪,那么刑期将被延长。减刑和人性化机会丧失,其会被描绘得很糟糕。如果在庭审定罪后,其选择承认自己的罪行来抓住人性化和减刑的机会,那么其可能会被视为一个投机分子,为一己私利浪费了法庭的时间。

一、时间分离?

有评论认为,法律和人性化(治疗)过程通过预期和承诺转化刑事案件并实现定罪结案。可以说,这是对法律和人性化工作的不同时间点的误解。例如,可以反驳的是,认罪发生在任何减少再犯罪的工作之前。然而,这种时间分离的主张反映了一种准形式主义的观点,即把刑事程序视为一种类似于清晰、单向流程的系统,这是一幅误导性的画面:

> 不是汹涌的、壅塞的、多层的和多向的流动。(在流程图中)似乎每个决策点都是这个系统及其复合子系统中的一系列逻辑性和间断性的决策之一。它是从机构的角度而不是从受制于这些过程的公民的角度组织的(Manning 2003:608)。

然而,对被告人来说,这种"间断性的系列决策"的分离是不可能的。被告人必须从人性化工作后果的角度考虑其答辩。通常在辩护律师的提示下,其必须将自己的时间向前推移,预测如果其对责任保持否认或模糊不清的立场,情况会怎样,然后再穿梭回到现在。这是一个只有其承担责任的预测,因为负责判决的职业人士和负责执行判决的职业人士必须对彼此工作之间的交叉影响视而不见。

根据官方说法，如何答辩的选择必须是自由的（并且是被人们看得见的自由），法律程序不得受到判决后（如治疗或人性化）考虑的沾染。同样，社区刑罚中人性化、治疗性的刑罚执行工作或在服刑期间可能承诺的改造（再教育、康复）工作，不应试图挖掘这一选择的动力。犯罪必须被视为一个既定的、无可争辩的事实（如 Weisman 2014），即使在缺乏可靠信息的情况下，在执行判决期间，对犯罪行为的描述可能会有不同的改变（如 Hall 2016）。

值得注意的是，在一些司法辖区，有关判决和法官理由的信息通常并不提供给被告人，甚至不提供给执行判决的人员（Field 2018；Hall 2016；Schinkel 2014）。由于执行法院意图的机构缺乏所需的信息，进行个性化量刑并提供改造机会的承诺也就无法实现。这种脱节和信息缺乏阻碍了罪犯证明自己已经改过自新（因而不再是刑事司法的被告人）所需的个人变化（Schinkel 2014）。这些程序再造了被告人。

刑事法庭的诉讼程序在判定有罪或无罪之前，至少在任何正式和公共意义上，都必须让人觉得他们对个性化、帮助、人性化、宽大处理的承诺是视而不见的。同样，做治疗/矫正的职业人员必须让人觉得他们对刑事法庭诉讼中发生的情况视而不见。尽管他们密切共生，相互依存，但双方都必须在很大程度上忽视对方详细的工作动态，或者兴趣不大或根本没有兴趣。双方都必须对被告人对罪责态度的重新调整是如何实现的感到无动于衷。同样，支撑这些职业的学术——职业学科往往是孤岛式运作的，这意味着几乎没有注意到不同职业工作之间的衔接。

二、相互的盲目性

各个职业依靠抽象的、深奥的学术理论来证明其对某些工作的所有权,其定义的工作规范区别于其他职业。每个职业(一方面是法律,另一方面是缓刑和康复/治疗职业)对另一个职业详细的、实质性的工作不感兴趣,这使得人性化的改造工作能够隐蔽地在后台、未经授权下、在任何正式的职业责任之外进行。这是因为改造效果是两种职业工作之间缺乏联系与对接的结果。正是这种脱节,或者说是功能失调和薄弱的相互联系,使得各职业看起来彼此格格不入,这意味着任何正式程序都看不到被告人需要在程序中的穿梭。没有正式的方法来记下并使这种协同效应出现在官方记录中。

尽管它们之间存在着密切的相互依赖关系,但人们可能认为这种相互的盲目性只是学术孤岛的反映:答辩的决策是刑事诉讼中法律工作的范围,而人性化和矫正治疗则是社会工作与心理科学的范围。

然而,这种形式的分离不应该被简单地作为一些没有实质后果的随机的脱漏而被忽视。每个职业领域都知道对方的工作,尊重对方的专业知识。但这种职业间对其他的实质性工作视而不见意味着,其共生工作在正式过程中是看不见的。两个领域之间的脱节反映并延续了领域之间的疏离,这种疏离是由使它们具备知识合法性的学术边界所维持的。因此,正是由于这个原因,法律学术和培训认为,定罪后与罪犯有关的工作的细节与法律机构和律师的工作没有什么关系。同样,缓刑学术研究或其他学术文献和职业培训课程几乎不考虑答辩的决定,而是将其作为一个既定的法律问题,同样是无关的和不相容的[①]。

[①] 这种对两个职业和学术世界的陌生感,也可能反映在一个关键的研究空白中。与民事案件不同(如 Genn 1999; Genn 和 Paterson 2001),尽管所有的政策努力都是基于对被告人的想法和他们如何决定的假设,但还没有任何研究跟踪观察案件中的被告人从答辩前到服刑结束的经历。

与其将人性化工作视为妨碍惩罚的一种方式,不如将其视为一种达到明确认罪的方式,将被告人从一种反抗、矛盾或困惑的姿态,转变为一种自由接受罪责的姿态。人性化工作似乎确实触动了法官和其他人的良知,但在产生这种信息的过程中它似乎也实现了案件的顺利、快速处理,消除了对程序公平性的潜在职业疑虑,并将一个人的模糊罪责转化为一个"理想的"应受惩处的罪犯,其不反抗,但似乎接受自己不可避免的惩罚。因此,我们应该重新审视人性化工作直接阻碍了系统的"效率"并阻挠惩罚这一片面的见解。它具有两面性。

主权权力和惩戒(规训)权力:一种共生关系?

如果这个论点有道理,那么这表明 Foucault 主张纪律权力正在取代形式法中基于命令的主权的有争议的倾向可以得到发展和完善。与其说是法律变得不那么重要,不如说是正式的法律程序和纪律惩戒权同时忽略了对方的实践,所以通过共生的工作来使案例常态化、规范化。为了实现这一目标,尽管它们相互依赖、复杂地交互,但法律和惩戒权必须在很大程度上忽视对方的实质性工作,并将其视为异己。正如 Hunt 和 Wickham(1994:65)所坚称的:

> 惩戒权力与法律不是对立的,相反,法律已经成为新的权力形态的主要原动力,法律构成了惩戒权运作模式的鲜明特征。

正式法律(主权命令权)和惩戒权不是相互抵消的,法律和治疗领域的惩戒权在复杂的非正式的微观互动中共生运行。抗辩和量刑通过法律界依赖于纪律专业人士的工作（人性化、有希望的康复和治疗），以体现自愿认罪和接受惩罚。同样地，人性化、社区刑罚、改造等工作，要求被告人服罪和接受应得的惩罚。

由于没有任何协调制度，"理想的"罪犯被再造和培养出来。被告人必须在心理上穿越职业边界和程序的正式时间顺序，以预测可能的后果。但是，每个职业都必须忽视另一个职业决策可能出现的情况——他们必须将其视为一个既定的事实，而对其他职业的详细工作视而不见。刑事司法程序倾向于培养自己的被告人，没有任何计划、考虑或控制意识。重要的是，培养"理想"的承担责任的罪犯，并不是一个"密谋策划"——并没有经过深思熟虑的商议。刑事司法"系统"群龙无首——没有领导、主管或任何负责人，没有计划。事实上，正是由于没有任何控制意识，没有任何连贯和统一的系统，它才能够如此有效地再造其被告人。

第四节 结　　论

在人性化工作的实行中，量刑共同体表现出了自身的人性化。量刑共同体承认并参与确保被告人受到公平对待，允许被告人参与并说出故事。通过参与人性化工作的实施，见证被告人自由而真诚地承认责任，并接受对其不可避免的惩罚的公平性，职业量刑共同体能够看到并感受到正义得到了伸张（如 Rossmanith 2015）。

不同职业领域之间的脱节以及它们之间的相互盲目性意味着被判刑者必须在心理上经历各个量刑阶段并预测其影响。联结制度的缺乏培养出了"理想的"罪犯。通过将被告人在量刑过程中的经验划分为单独的职业领域的专属责任，被告人面临着各个职业之间的脱节。这种状况的结果是,其必须独自穿越职业的边界和过程中看似线性的时间顺序,以预测可能的后果。然而,每个职业似乎都忽略了另一个职业所做的决策的偶然性——必须把它当作给定的事实,对另一个职业的详细工作视而不见。在没有任何系统的总体规划或控制思想的情况下,事实上正是因为缺乏融会贯通的量刑制度,这种集体工作才有助于产生"理想的"罪犯。

本章参考文献

Bandes, S. (2015). Remorse and Criminal. Justice *Emotion Review*, 8(1), 14-19.

Beyens, K., & Scheirs, V. (2010). Encounters of a Different Kind: Social Enquiry and Sentencing in Belgium. *Punishment & Society*, 12(3), 309-328.

Blumberg, A. (1967). The Practice of Law as Confidence Game: Organizational Cooptation of a Profession. *Law & Society Review*, 1(2), 15-40.

Bourdieu, P. (1987). The Force of Law: Towards a Sociology of the Juridical Field. *Hastings Law Journal*, 38, 814-853.

Canton, R., & Dominey, V. (2018). *Probation*. London: Routledge.

Cheng, K., Chui, W., Young, S., & Ong, R. (2018). Why Do Criminal Trials 'Crack'? An Investigation into Late Guilty Pleas in Hong Kong. *Asian Journal of Comparative Law*, 13(1), 1-25.

Crewe, B. (2011). Depth, Weight, Tightness: Revisiting the Pains of Imprisonment. *Punishment & Society*, 13(5), 509-529.

Darbyshire, P. (2011). *Sitting in Judgement: The Working Lives of Judges*. Oxford: Hart Publishing.

Feeley, M. (1979). The Process Is the Punishment: Handling Cases in a Lower Criminal Court. New York: Russell Sage.

Field, S. (2006). State, Citizen and Character in the French Criminal Process.

Journal of Law & Society, 33(4), 522-546.

Field, S. (2018). "Ritual Individualisation" and French Criminal Justice: Preliminary Comparative Observations. Paper presented to the Law & Society Association, Toronto.

Franko Aas, K. (2005). *Sentencing in the Age of Information*. London: Glasshouse Press.

Genn, H. (1999). *Paths to Justice*. Oxford: Hart Bloomsbury.

Genn, H., & Paterson, A. (2001). *Paths to Justice Scotland*. Oxford: Hart Bloomsbury.

Goriely, T., Duff, P., Henry, A., Lancaster, B., McCrone, P., & Tata, C. (2001). *The Public Defence Solicitors' Office: Report of an Independent Evaluation*. Edinburgh: TSO.

Hagan, J., Hewitt, J., & Alwin, D. (1979). Ceremonial Justice. *Social Forces*, 58(2), 506-527.

Hall, M. (2016). *The Lived Sentence: Rethinking Sentencing, Risk and Rehabilitation*. London: Palgrave Macmillan.

Hodgson, J. (2006). Conceptions of the Trial in Inquisitorial and Adversarial Procedure. In A. Duff, S. Farmer, & V. T. Marshall (Eds.), *The Trial on Trial: Calling to Account* (Vol.2, pp.223-242). Oxford: Hart Publishing.

Hudson, B. (1996). *Understanding Justice*. Buckingham: Open University Press.

Hunt, A., & Wickham, G. (1994). *Foucault and Law: Towards a Sociology of Law as Governance*. London: Pluto Press.

Jacobson, J., Hunter, G., & Kirby, A. (2015). *Inside Crown Court*. Basingstoke: Palgrave Macmillan.

Jamieson, F. (2018). *Judicial Independence: The Master Narrative* (Edinburgh School of Law Research Paper Series 2018/03 [SSRN]). University of Edinburgh.

Johansen, L. (2018). "Impressed" by Feelings-How Judges Perceive Defendants' Emotional Expressions in Danish Courtrooms. *Social & Legal Studies*, 28(2), 250-269.

Mair, G. (2016). What Is the Impact of Probation in Advising Sentencing and

Promoting Community Sanctions and Measures? In F. McNeill, I. Durnescu, & R. Butter (Eds.), *Probation: 12 Essential Questions* (pp.61 - 83). Cham: Springer.

Manning, P. (2003). The Legal Institution. In L. Reynolds & N. Herman Kinney (Eds.), *Handbook of Symbolic Interactionism* (pp. 601 - 623). Lanham: AltaMira Press.

Marsh, L., & McConvile, M. (2014). Criminal Judges: Legitimacy, Courts and State-Induced Guilty Pleas in Britain. Cheltenham: Edward Elgar.

Maslen, H. (2015). Remorse, Penal Theory and Sentencing Oxford: Oxford University Press.

Mather, L., McEwen, C., & Maiman, R. (2001). *Divorce Lawyers at Work: Varieties of Professionalism in Practice*. Oxford: Oxford University Press.

McConville, M., Hodgson, J., Bridges, L., & Pavlovic, A. (1994). *Standing Accused*. Oxford: Clarendon Press.

Morgan, R. (2003). Thinking About the Demand for Probation Services. *Probation Journal*, 50(1), 7 - 19.

Morgan, R., & Haines, K. (2007). Services Before Trial and Sentence. In L. Gelsthorpe & R. Morgan (Eds.), *Handbook of Probation* (pp.182 - 209). Cullompton: Willan.

Newman, D. (2012). Still Standing Accused: Addressing the Gap Between Work and Talk in Firms of Criminal Defence Lawyers. *International Journal of the Legal Profession*, 19(1), 3 - 27.

Newman, D., & Ugwudike, P. (2014). Defence Lawyers and Probation Officers: Offenders' Allies or Adversaries? *International Journal of the Legal Profession*, 20(2), 183 - 207.

Proeve, M., & Tudor, S. (2010). Remorse: Psychological and Jurisprudential Perspectives. Farnham: Ashgate.

Roach Anleu, S. (2009). *Law and Social Change*. London: Sage.

Roach Anleu, S., & Mack, K. (2001). Pleading Guilty and Professional Relations in Australia. *The Justice System Journal*, 22(2), 155 - 184.

Roach Anleu, S., & Mack, K. (2017). *Performing Judicial Authority in* the Lower Courts. Basingstoke and New York: Palgrave Macmillan.

Robinson, G. (2018). Delivering McJustice? The Probation Factory at the Magistrates Court. *Criminology & Criminal Justice*. Advance Accessed 23 July.

Rosencrance, J. (1988). Maintaining the Myth of Individualised Justice. *Justice Quarterly*, 5(2), 235–256.

Rossmanith, K. (2015). Affect and the Judicial Assessment of Offenders. *Body & Society*, 21(2), 167–193.

Schinkel, M. (2014). *Being Imprisoned*. London: Palgrave.

Sommerlad, H. (2015). The "Social Magic" of Merit: Diversity, Equity, and Inclusion in the English and Welsh Legal Profession. *Fordham Law Review*, 83(5), 2325–2347.

Sykes, G., & Matza, D. (1957). Techniques of Neutralization: A Theory of Delinquency. *American Sociological Review*, 22(6), 664–670.

Tata, C. (2007a). In the Interests of Clients or Commerce? Legal Aid, Supply, Demand, and 'Ethical Indeterminacy' in Criminal Defence Work. *Journal of Law & Society*, 34(4), 489–519.

Tata, C. (2007b). Sentencing as Craftwork and the Binary Epistemologies of the Discretionary Decision Process. *Social & Legal Studies*, 16(3), 425–447.

Tata, C. (2018). Reducing Prison Sentencing through Pre-sentence Reports? Why the Quasi-Market Logic of "Selling Alternatives to Custody" Fails. *Howard Journal of Crime & Justice*, 57(4), 472–494.

Tata, C. (2019). "Ritual Individulization": Creative Genius at Conviction, Mitigation and Sentencing. *Journal of Law & Society*, 46(1), 112–140.

Tombs, J., & Jagger, E. (2006). Denying Responsibility: Sentencers' Accounts of Their Decisions to Imprison. *British Journal of Criminology*, 46(5), 803–821. Van Oorschot, I., Manscini, P., & Weenink, D. (2017). Remorse in Context(s). *Social and Legal Studies*, 25(3), 359–377.

Ward, J. (2017). Transforming Summary Justice: Modernisation in the Lower Courts. London: Routledge.

Weisman, R. (2009). Being and Doing: The Judicial Use of Remorse to Construct Character and Community. Social & Legal Studies, 18(1), 47-69.

Weisman, R. (2014). Remorse: Law and the Social Control of Emotion. Burlington: Ashgate.

第六章
技术的兴起和量刑职业的消亡？

[摘要]本章探讨了技术对量刑的影响：技术的性质如何变化，包括它可能怎样改变量刑工作的性质？它是否威胁到自由裁量权并削弱了量刑职业的地位？本章以利用信息技术协助量刑决策过程的研究为例，考察了三个具体问题：一是技术理性工具是否减少了量刑的裁量权和职业自主权？二是量刑技术是否减少了对整体性个人（完整性）的关注，以对数据进行去情境化的整理？三是法官和其他刑事决策者是否成为信息的消费者而不是信息的创造者？通过报告和评估关于使用量刑技术的证据，这一章揭示了技术正在削弱量刑裁量权的说法是基于自主个人主义的预设。

[关键词]量刑改革 司法裁量权 司法的独立性 量刑信息系统 刑罚与技术

导读

本章主要内容如下：第一节指出，人们普遍认为管理逻辑的作用正在导致去技能化、去专业化和裁量权的缩减（减少）。不受约束的自由裁量权的最后堡垒，即司法判决正在受到攻击并被技术理性逻辑所削弱。这体现在两个方面：量刑指引（规则）和计算机化的量刑信息系统（Sentencing Information Systems，简称 SIS）。第二节概述苏格兰 SIS 的起源和发展，这被视为技术如何导致司法自由裁量权消亡的例证。第三节考察 SIS 意味着什么。第四节指出,在规范上对立的受新刑罚学启发的文学传统与法律一理性传统,共同秉持自主个人主义的假设,并揭示了它们依赖于对法官的非社会性理解、形式主义的规则观和实证主义的信息观。

第一节 技术和职业裁量权的消亡?

一些重要的著作将量刑政策和话语的变化视为更广泛的刑罚变化的标志,特别是管理主义、精算司法、新刑罚学(如 Feeley and Simon 1992、1994；Garland 2001)。然而,Katja Franko Aas 备受赞誉的专著《信息时代的量刑》(*Sentencing in the Age of Information*),体现了专注于司法量刑实践的主导性观点[①]。这一文笔优美的力作被广泛引用,作为信息技术正在以特定方式影响量刑实践的证据。

根据 Franko Aas(2004、2005)的观点,量刑实践正在被明确化和标准化,而司法裁量权正在减少,法官正在失去地位和控制权。该书的一个中心观点是"法官角色'去技能化'的总体趋势"(Perry 2007：422)。这一论点与刑事司法专业人员,特别是缓刑监督官,也包括其他人,如辩护律师(如 Newan 2016；Welsh 和 Howard 2018),在其他领域的去技能化、去职业化和司法专业人员判断力的减少相类似(如 May 和 Annison 1998；Robinson

---

[①] 例如,美国犯罪学学会(the American Society of Criminology)和英国哈特/社会法律研究协会图书奖(2006 年)UK Hart/Socio-Legal Studies Association Main Book Prize (2006)的将奖项授予该书。在对这本书的认可上,Jonathan Simon 将这项工作描述为"为我们更全面地理解量刑和当代刑罚做出了重大贡献"。

2017、2018)。

以专业裁量权的减少为例,据报道,专业人员越来越受到管理形式的控制,包括监管、审查、指标,最明显的是,要求使用技术来"辅助"专家判断。这些都可能威胁到职业判断的裁量权,在从"街头官僚到制度官僚"的转变中(Bovens 和 Zouridis 2002)以及多被提及的预计技术将对职业产生的影响中(Susskind 和 Susskind 2015)被这一趋势得到广泛关注。在社会工作、缓刑和假释中引入风险评估工具可能会被其推动者视为对更理性的和循证决策的颇有价值的帮助(Bagaric 和 Wolf 2018;Chiao 2018;Hutton 1995)。另一些人则发现了一个更"邪恶"的角色,即取代了人性和人道的、情境化的职业裁量权的,所谓中立数据管理者的不负责任的技术官僚(如 Franko Aas 2004;Feeley 和 Simon 1992、1994;Hannah-Moffat 2018;Tombs 2008)。因此,我们在第二章中看到的关于规则与裁量权、艺术与科学、机器与人类等两者孰优孰劣的辩论也是法律—理性传统与司法—防御传统之间斗争的主要内容。

虽然在量刑专业人员的工作中,已经发现并讨论了所报告的对专业决策进行技术理性控制的趋势,但直到最近,它们才在司法判刑人员的工作中得到确认。鉴于量刑被普遍认为是专业判断的试金石和司法独立强大的象征,这种趋势的重要性具有超越司法量刑本身的意义。Hutton(1995)主张,与其他法律领域相比,量刑仍然是"实质非理性"的。本质上它是由个人判断决定的,而非系统化和解释性的。作为抵制技术理性前进的终极典范,量刑自由裁量权的消亡,不仅意味着量刑方式的重大转变,而且也标志着西方法律和社会迈向法律理性的更大趋势中的一个阶段性的变化。

司法裁判者曾经关注的是个体的独特性,但是现在,Franko Aas(2004、2005)注意到,他们越来越多地被迫将判断建立在精算逻辑的基础上。这种变化最重要的驱动因素之一是信息技术的兴起。她报告说,司法量刑遵循技术的要求和合理性。在这一愿景(期许)中,管理技术对数据有着永不满足的需求,为了其自身利益而强加统一,不容忍异议或创造力,无法接受甚至敌视智慧的概念,将被告人视为不过是需要管理的抽象数据的合成物。反常的、特立独行的裁判法官可能并不完美、争议不断,但他的量刑裁量权正日益被输入的客观数据所取代。

所有这一切都导致了一种彻底简化的、单维的正义概念,对此我们应该深表关切。根据挪威一位法官对自由裁量权和政策发展的看法,到目前为止,量刑一直关注在个别案件中实现实质正义,现在这正被技术理性所取代。继 Franko Aas 之后,Tombs(2008)认为,苏格兰的司法裁量权受到越来越多的限制,量刑也越来越多地受到风险技术和管理控制的支配。Tombs(2008:88)特别指出,苏格兰的 SIS(以及量刑指南、风险评估表格和撰写陈述报告的国家标准)是:

> 新的责任形式,借由统计概率生成的公式化工具为量刑者对特定案件的特殊情况进行专业判断提供信息,因为它们与整个类别的犯罪和罪犯有关。

Franko Aas(2005)和 Tombs(2008)似乎都认为苏格兰的 SIS 是一种强加给司法量刑者的技术,削弱了司法的裁量权和地位,所以限制了关注个人情况的能力。这被视为一种普遍的和隐藏的趋势,在这种趋势中,"富有想象力的判决"被"压制和取代":

> 想象的刑罚不是针对具体案件的特殊性,而是预先针对不

同的(往往是对立的)官僚规则设计的终止,这些规则不是为了伸张正义,而是为了控制风险(Tombs 2008:85-86)。

在一系列研究向技术官僚司法深刻转变的学术文献中,这些论点被广泛认为是关键证据(Hall 和 Rossmanith 2015;Phillips 2017)。

在给 Franko Aas《信息时代的量刑》所作的序言中,Nils Christie 做了一个对比:"老派的法官"慢慢地"构思出一个故事……创做出一件艺术品"。而今天,

> 所有这些问题都是通过使用量刑表和统计信息的现代趋势来解决的……这些预先确定的形式将俘获法官,并消除裁量权。

Perry(2007:423)表明公开的刑罚学辩论现在正被"干净"技术的虚假合理性所淹没:

> Aas 详细展示了报应主义者、恢复主义者和威慑论者之间的经典辩论,现在在硬盘上旋转的量刑信息系统的白噪声背后是如何听不见的。

为了评估这些报告的变化,我首先简要概述运行了 11 年的 SIS 项目,然后反思这对 Franko Aas(2004)、Tombs(2008)和其他人的论点意味着什么(如 Brown 2017)。

除了《美国联邦判决指南》有据可查的问题外,Franko Aas 在《信息时代的量刑》中把苏格兰的 SIS 作为不仅是量刑政策的话语

而且是量刑实践的一个根本性的和显著的转变的关键证据。在得出这些结论时，Franko Aas(2005)并没有直接研究其影响，而是引用了我关于苏格兰 SIS 发展的工作报告中的一些段落。

第二节　量刑信息系统的起源与发展

1993 年，苏格兰高等司法机构与思克莱德大学法学院的学者进行了接触。在参加澳大利亚举办的一次会议之后，苏格兰资深的法官 Ross 勋爵对是否有可能开发一个类似案件先前量刑裁决的数据库特别感兴趣。他看了澳大利亚新南威尔士推行的信息系统的演示。他和他的同事（包括当时最资深的法官 Hope 勋爵）对为苏格兰高等法院开发 SIS 的可能性很感兴趣。由 Ross 勋爵担任主持的一个高级司法小组和学术团队密切合作，进行了一项由政府资助的可行性研究。为了设计 SIS，定期举行司法讨论会，讨论类似案件应如何构思和陈述具体挑战，以及司法使用者认为哪些有用。为了制作一个原型，可行性研究最初收集了 3 种犯罪类型、1 200 多个案件的详细信息。尽管政府官员建议应使用现有的官方数据，但大学团队发现并在司法部门的支持下成功地证明，官方数据集既不能有效地描述以前的案件，也不能向司法终端用户提供他们需要的信息。可行性研究以一份报告结束，其结论是 SIS 显然是可行的（Hutton 等人 1996）。

采取这种积极主动的举措对于（苏格兰）司法机构来说是非比寻常的。新闻媒体进行了突出和肯定的报道，Ross 勋爵接受了有关该项目的采访。就政府而言，其乐于让司法部门发挥主导作用。SIS 倡议也被用来回应限制司法自由裁量权的呼吁，表明有一个具体的计划,鼓励判刑者在类似案件中的一致性。中级治安法院的法官、检察官和辩护律师以及媒体都要求访问。所有这些访问请求都被最高法院的副院长和最高刑事法院院长拒绝,理由是至少目前,该项目仍然在"试点",而且还处于相对早期阶段①。这条防线成功地维持了 11 年多②。

可行性研究完成后,决定实施 SIS,随后进行了两次阶段研究和实施。每次长达两年,包括创建司法商定的数据模板,由法官、书记员进行的数据收集和试点测试。到第二阶段的研究和实施结束时,感兴趣的法官和书记员分别对"数据检索子系统"和"数据输入子系统"进行了试点测试。从高等法院收集了超过 15 000 个初审和上诉案件的量刑数据并形成完整的案件文件,根据最终用户(法官)制定和同意的数据记录模板收集。数据录入系统还允许法官选择输入他们认为需要对数据录入模板进行补充的叙述性评论。

一、设想和描述案件的相似性

除了各种技术和实际问题外,学术小组和司法小组争论的关键问题是案件的相似性:从司法量刑的角度来看,"类似"案件应该如何表述和记录?怎么算"相似"?在确定了官方数据(与以往 SIS 的尝试不同)不会提供有关量刑的有意义的信息后,得出的结论是需要收集定制的数据。官方数据受到许多限制,可能是因为

---

① 最近,由 Susan Denham 大法官领导的爱尔兰共和国司法机构决定引入 SIS。他们早期而明确的决定是让公众可以访问它(O'Malley 2009、2013、2016)。澳大利亚新南威尔士州的 SIS 是公开提供的,但在实践中访问非常有限,包括支付非常高费用的暂停要求。与爱尔兰共和国的 SIS 一样,但与苏格兰的不同,新南威尔士州的官方数据依赖于而不是创造自己定制的判决分类学。

② 即使作为开发 SIS 的研究人员,到 2006 年 Neil Hutton 和我后来被继任的大法官拒绝进入现场 SIS。

它的收集是出于许多不同的目的，有意义的比较量刑数据只是其中一个。关于犯罪的相对严重性的信息（特别是在多罪案件中）可能会引起误导，而以前的定罪和关于罪犯的信息往往缺乏或非常粗略（Tata 1997；Tata 和 Hutton 2003；详见第五章）。

因此，会议商定有关案件的资料将从高等法院的纸质档案中收集。如果数据收集表未能捕捉到关键案件信息，将由量刑法官撰写同期评论加以补充并记录在 SIS 中。到 2003 年，当完全控制权移交给苏格兰法院时，SIS 包含了过去 15 年做出的 15 000 多个判刑案件（包括上诉）相对深入、系统的量刑信息（可能是最深入的）。至关重要的是，与司法机构达成一致的收集和呈现信息的方式，以便对预期的主要最终用户有意义。

鼓励量刑法官通过获取类似案件处理的系统信息来寻求量刑一致性，这种想法并不新鲜。半个多世纪前，Norval Morris（1953，引自 Frase 1997：366）提出这个想法是为了让法官就能"清楚地看到他们与同人之间的关系"[①]。然而，直到 20 世纪 80 年代，计算机化信息技术才成为现实，Hogarth（1988）在加拿大不列颠哥伦比亚省开创了数据库的先河，Doob 和 Park（1987）在加拿大各省，然后是澳大利亚新南威尔士的司法委员会紧随其后（Potas 2005；Tata 2000）。

二、公众获取和利用信息向公众宣传量刑实践？

SIS 的基本思路很简单。用户选择他们感兴趣的案件类型，屏幕显示类似案件的量刑模式。苏格兰 SIS 的开发和实施主要是考虑到司法用户，他们在考虑量刑时可能希望咨询的信息。然而，大学团队认为，这些信息也应该公开提供。我们建议，通过适当的

[①] 在一次私人通信中，苏格兰高等法院的一位法官向我展示了文件证据，证明他在 20 世纪 80 年代提出了这个想法，但很快被当时的大法官驳回。

评论,这些资料有可能有助于了解公众对量刑做法和改革的发展(如 Tata 和 Hutton 2003；Tata 等人 2002),其精神与量刑委员会的做法类似。

三、用户的灵活性

苏格兰 SIS 的搜索方式赋予用户高度的灵活性,允许其可以用一系列不同的方式来定义案例相似性的模式(包括聚合术语和检索单个案例)。换句话说,SIS 明确不会试图指导法官进行"正确的"量刑,而是提供一系列可能的量刑。

不同寻常的是,在保持这种预期的灵活性的同时,SIS 项目创造了两种构思和表述案例的方式:一种是"主要犯罪"方法,它将根据基本的犯罪来构思和表述案件信息,然后"添加"进一步的信息(包括其他犯罪)和关于罪犯的信息。在世界各地,几乎所有的量刑数据都是以这种方式表示的,尽管并非没有重大问题(见第三章)。第二种(和补充性的)方法是以更全面的方式捕获有关犯罪的信息的一种方式。例如,这种"整体犯罪方法"不是由那些记录和检索信息的人任意选择一个法定的罪名作为"主要犯罪",而是试图反映和捕捉量刑者识别的简短的叙述标签。通过这种方式,SIS 项目创建了一种新的整体犯罪分类法,特别是在处理多罪案件的棘手问题时(Tata 1997；Tata 等人 2002;也可参看第三章)。

四、移交法院

经协商,2003 年 SIS 移交给苏格兰法院服务处(the Scottish Court Service, SCS)后,法院书记员将接手信息的同期记录。根据 SIS 每年对约 1 000 个新案件的定义,法院书记员将接受培训,以输入详细的案件信息(必要时包括量刑法官做的简短说明),并同时提供数据检索系统与数据输入系统以及如何记录案例信息的指导与培训。苏格兰 SIS 过去是而且将来仍是世界上第二个与澳大利亚新南威尔士州一起实施的现有的 SIS 系统。但它是唯一使用定制的分类法进行量刑决策的,并由司法用户自己开发。通过这种方式,它是唯一一个与司法机构合作开发的数据库,可提供与量刑有关的有意义的数据。

然而,在移交给 SCS 之前的准备阶段,越来越明显的是,大学团队推荐的质量保证流程不会得到遵守,也不会鼓励书记员记录数据。例如首席书记官说,按照记录指南以一致的方式输入数据的要求根本不会受到监督,因为他声称有他们的专业精神就足够了。

为什么不再支持 SIS?至关重要的是,司法领导层发生了关键的变化。支持 Ross 勋爵倡议的最高法院院长 Hope 勋爵和 Rodger 勋爵已被提升为上议院议员。Gullen 勋爵于 1997 年接任最高法院副院长,2005 年在最高法院院长的职位上卸任。总而言之,他持更加怀疑的态度。他对这个项目毫无热情,确实有一定程度的怀疑,似乎在寻找借口拖延第二阶段的实施,项目被延长、中断。在移交给最高法院之前,关于 SIS 的司法研讨会和培训课程在很短的时间内就被取消了,首席书记官(在 Ross 勋爵政权下担任不同角色,非常有帮助)在其职员的培训课程上似乎也遵循这一原则。这些培训课程在未经通知的情况下被取消。可以预见的是,由于司法领导层的不重视,更新和维护 SIS 受到忽视,被有意晾在一旁,悄悄地消亡。

在移交给 SCS 之后的几年里,感兴趣的法官和他们的职员试图使用 SIS,但在没有培训和支持的情况下,兴趣逐渐消失了。正如一位职员所说:"SIS 已经死了。"换句话说,由于刻意忽视,它似乎完全自行死亡。

对所发生的这一切没有任何调查或随后的报告：资助和支持该项目的政府也没有寻求任何帮助。我们学术团队也没有试图大声抱怨这个项目是如何被故意忽视的。人们认为，与高级司法机构弄僵并不符合团队成员的利益，尤其是因为政府官员不想对此大惊小怪，他们以各种方式寻求司法的合作与接触。

根据这一概述，让我们现在转向 Franko Aas、Tombs(2008)和其他人关于 SIS 的具体主张，作为量刑发生根本性变化和更普遍地丧失职业权力的证据。

第三节 苏格兰的 SIS 故事意味着什么？

一、司法量刑者正在失去对技术理性工具的控制？

这一论点与刑事司法专业人员在非技术化和减少裁量权判决的其他领域所做的论点类似。在政策方面，对决策的控制似乎已被表面上中立的数据管理者所吸收。然而，这种"去技术化"（Perry 2007）是否发生在苏格兰法官身上？Franko Aas 描绘苏格兰 SIS 时，结合美国联邦数字指南系统的机器思维，后者是为量刑提供推定答案的一个网格系统，而不是人工智能（AI）专家系统[①]。但是，这种 AI 专家系统方法是由研究团队和评委从一开始就进行

[①] 对美国计分式的联邦指南的机械二维性的批评是多方面和普遍的（如 Stith 和 Cabranes 1998；Tonry 2016）。虽然这是一个司法问题，但重要的是，在国际上，美国联邦准则是一项非常特别的改革，在其他任何地方（包括美国州级法院）都没有平行的和不重复的改革。讽刺的是，在《信息时代的量刑》付梓的同时，美国最高法院在一系列判决中明确指出，准则的地位是建议性的，而不是强制性的（参见第二章，如 Frase 2007；Tonry 2016）。

分类的（Hutton 等人 1996；Tata 2000）。苏格兰的 SIS 专门用于不是基于"P 然后 Q"问答的树图结构的 AI 专家系统。事实上，可以批评的是，它的使用过于自愿（Tonry 和 Frase 2001），也太不确定，不会产生太大影响。与其把 SIS 想象成是"电脑来量刑"，不如将其视为一个防御性的政治倡议。

二、一个防御性的政治倡议？

Doob 在加拿大实施 SIS 的第一次尝试（也是短暂的）表明，司法领导、意愿和愿望将是关键障碍。正如法官们所看到的，它的构造和使用有三个明显的优点：中立性、选择性和自主性。幸运的是，在苏格兰，SIS 的倡议来自司法高层本身，而不是强加于他们的，例如由于澳大利亚新南威尔士州的丑闻，其实施方式由随后的司法首长决定，他们害怕公众介入[①]，更愿意看到它被 SCS 忽视，希望它会悄悄地消失。换句话说，一批司法高层人员能够启动该项目，用于克服议会或政府"干扰"的威胁[②]；然后，在威胁消退后，下一任司法队伍能够悄悄地远离该倡议，故意让它僵化，这样就可以说它没有什么价值了（Tata 和 Hutton 2003；苏格兰量刑委员会 2006）。

三、SIS 结果的不确定性

SIS 的一个关键要求是提供最大的灵活性：用户将能够以多种方式检索案例（通常可以以数千种方式构建案例的比较），这样

[①] 我们认为，不应将有关量刑的信息视为威胁，公众获取、适当管理，并辅之以偶尔的语境化的量刑实践报告，可能是解释判刑实践并让公众真正参与建设性对话的一种方式（Tata 和 Hutton 2003）。随着苏格兰量刑委员会（成立于 2015 年）的崛起及其告知和接触公众舆论的任务，可能需要收集并公开某种形式的量刑信息。

[②] 主要的威胁是某种形式的指南。因此，司法部门确实采取了行动，以应对感受到的日益增加的外部性的或管理性的威胁。我的观点是，并不是没有觉察到这种"威胁"，而是说苏格兰的高级司法部门（至少到目前为止）很容易地克服了它。

它就可以克服对一致性的任何影响的最终测量。能够以多种方式综合看待案件并查看个别案件的细节，这对量刑标准和个性化的司法愿景都很有吸引力。法官似乎喜欢在这些正义愿景之间拼凑。SIS 的灵活性意味着法官可以以几乎无限的方式描述和解释他们可能判刑的方式，以及以前的"类似"案件被判刑的方式。我在近四分之一的时间里观察到他们如何"操弄"这些信息来重建关于以前案件中发生的事情的叙述。

换句话说，当 SIS 能够跨越两种正义愿景时，它对法官很有吸引力：聚合数据一般的和个别案例具体的情况。这与一种基于概率和预定义的意义包将人们聚集在一起的强大技术的构想相去甚远。相反，它可能反映了指导量刑的自愿准则软弱无力（Tonry 和 Frase 2001）。

四、自愿使用

苏格兰 SIS 的使用始终是自愿的，是个人司法选择的问题。所以最大的问题是法官是否有任何义务使用它。在这方面，SIS 的机构权威至关重要（Tata 2000）。

在这里，回想一下 Doob 关于他和 Park（1987）在加拿大开创的聚合信息的司法使用水平较低的评论是具有启发性的。Doob 谈到了该项目缓慢"收尾"。不难想象，法官自然希望获得高质量的量刑信息。然而，经验表明，这是可疑的，或者充其量是偶然的。Doob 发现"……萨斯喀彻温省以外的任何省份都没有迹象表明有合理数量的人使用该系统。"他解释说，他和他的同事认为加拿大法官：

> 他们希望轻松地了解当下类似案件的量刑……（那个法

官)……想知道"类似案件"得到了什么。我们错了……法官通常不关心其他法官的判决(Doob 1990)。

Doob 强调他不打算批评法官,他观察到法官的工作环境不会奖励或鼓励对"当前实践"的关注。他认为,法官们觉得量刑的制度"权威"来源于上诉法院。矛盾的是,他们并不觉得有必要获取有关"正常做法"的信息,除非他们面临的是一个不寻常的案件。

司法量刑者是否使用和认可 SIS 是一个关键问题。制度合法性对任何司法决策支持系统的寿命至关重要。特别是,这将需要一个 SIS 所隶属的机构以及上诉法院在其书面判决中的明确支持[①]。新南威尔士州司法委员会于 20 世纪 80 年代后期开始研究 SIS,此后逐渐扩大。该系统可供该州的所有司法官员使用。虽然渐进式扩展可以暗示用户的兴趣,但情况未必如此。事实上,目前还没有独立的、系统的用户评估。而缺乏这样的评估是一项非凡的战术成就。此外,新南威尔士州司法委员会对上诉法院有关司法信息研究系统(包括其 SIS)的裁决的分析表明,高等司法机构可能会将坚定的承诺和不承诺这些信息的有用性结合起来:一种明确认可信息系统价值的"坚决的矛盾心理"(Tata 2000)。

五、满足司法需求

得益于 Doob 的告诫及与他的私人通信,以及对新南威尔士州司法委员会的往返访问,一开始的使用问题就成为大学团队最

---

① 当时,有人提议将 SIS 设置在一个与之有直接利益关系的机构中,例如负责司法研究的机构(如澳大利亚新南威尔士州的 SIS 由司法委员会管理)。2015 年,苏格兰量刑委员会成立,这似乎是 SIS 的家。

关心的。我们希望,如果我们能与潜在的司法用户合作,为他们提供一个能够满足他们需求的 SIS,他们就会选择使用它。我相信,如果我们能够创建一个更先进的案件敏感信息系统,那么法官可能会决定使用它。这就是我们自己收集针对法官需求的数据的原因。通过轻松创建最深入的、灵活的和定制的数据库,与终端用户合作,我们希望最大限度地提高 SIS 的有用性:至少即使它被忽略,也不是因为它没有满足司法信息的"需求"。然而,我没意识到的是,司法信息"需求"(所想、所需)的问题比我最初想象得更多面、更不确定,更不容易解决(Tata 2018)。

六、SIS 等技术是否使判决去人性化?

Franko Aas(2004、2005)和 Tombs(2008)都认为苏格兰的 SIS 对量刑产生了深远的影响。事实上,SIS 对量刑实践的影响可能非常小,而且无论如何,要明确地衡量这种影响是极其困难的。

(一)讲故事的传统消失了?

Tombs(2008)和 Franko Aas(2005)讨论了信息技术如何倾向于细分信息,使其可移植、抽象化和去语境化。独特的人类个体的完整性变成了一个没有叙述的文件,一个符合为机器的目的预先定义的"意义包"的个别特征的集合。在《信息时代的量刑》的序言中,Nils Christie 说,"老派的法官"在每个独特的案件中都慢慢地"讲述了一个发生了什么的故事":

> 随着使用量刑表格和统计信息的现代趋势……根据一个由预先确定的因素组成的网格,被告人从完整故事中的一个完整的人转变为一个风险配置的载体。

Perry 赞许 Franko Aas 的描述唤起了

> 对过去时光的怀念。直到 20 世纪 80 年代，那时法官仍被赋予这种神谕式的解释权，那时审判仍被理解为努力服务正义的人文主义。

Tombs 解释了这如何导致量刑的严厉化和去人性化：

> 例如，为了给某人一个机会，需要对他的性格以及他们生活的物质现实进行有意义的评估。然而，源于多年的经验、地方知识和专业价值观的这种司法精明，越来越受到刑罚政策改革的限制，这些改革想给量刑提供一套预先设定含义的"信息"(Franko Aas 2005)，如风险评估、量刑信息系统、量刑指南的威胁。它们将罪犯去情境化，从而使对象成为一个"特征的集合"，而不是一个具有连贯身份的完整的人。因此，量刑者被认为是"意义的消费者"(Rodaway 1995)，而不是意义的创造者。在特定的案件中，个人越来越被公式化的风险工具所消解，这使得量刑者更难理解犯罪事件在罪犯生活中的意义……(Tombs 2008：99)

对于 Franko Aas(2004、2005)和 Tombs(2008)来说，SIS 体现了这种语境的丧失。因为它可以抽象化、去语境化和去人性化，从而使信息便于移植和使用。然而，虽然这可能是 SIS 的一种趋势，但并不是唯一的趋势。事实上，假设这是唯一的趋势，就忽略了 SIS 最新颖的结构之一："整体犯罪方法"。这旨在再现一种叙事方法，尤其是捕捉多罪案件。当然，虽然 SIS 在形式上是描述性的而不是规定性的,但它确实旨在产生一些规范性的影响。信息的分类和描述方式也不可避免地具有规范性。

(二)案件的社会建构

更重要的是,受新刑罚学启发的量刑文献断言,以前在"旧刑罚学"下,量刑是关于独特的个人而不是对类别的评估。现在的重点是"个体叙事之前的模式和规则"(Franko Aas 2005:158)。

Franko Aas 和 Tombs 认为,经典的叙事身份的建构是基于罪犯的生活故事或传记,在过去、现在和未来之间有一定的内在联系。传记叙事中隐含的是一种针对罪犯的整体方法。然而,越来越多地使用计算机据说导致了罪犯身份从整体视角到分析视角的转变(Franko Aas 2004:386)。

然而,至少有两个理由认为这种说法是一种浪漫主义的怀旧情绪。首先,量刑过程是关于案件的类型化和常规化,这并不是什么新鲜事。量刑并不会也不能评判独特的个人,而是"数量有限的典型情节"(见第三章)。

其次,Franko Aas(2004、2005)和 Tombs(2008)都表明,对法官施加新的形式的控制导致量刑越来越脱语境化。权重被赋予了"个体叙述之前的模式和规则"(Franko Aas 2005:158)。据说,这与旧的福利刑罚观有着明显的不同。Tombs 特别将这归因于量刑前报告的变化,包括使用风险评估和国家标准管理量刑前报告。但大多数法官是在审查了案件卷宗中的其他信息后阅读这些报告的。报告中的叙述往往不得不与法官已经建立起来的画面来竞争可信度。研究表明,许多法官从后往前阅读报告,可能会遗漏个人背景的关键点,或者疲惫地漫不经心地看待这些信息(Tata 2018)。这种阅读量刑前报告的方式不符合国家标准或风险评估标准。相反,这些司法量刑人员往往认为这是识别与量刑相关的信息的方法。

七、量刑者现在仅仅是意义的消费者而不是创造者吗?

苏格兰 SIS 的灵活性和法官对之前案件进行搜索的不同方式,凸显了其积极行动的方式,试图从其拥有的信息中创造意义。法官在讨论综合审判系统时,解释和重建案件信息,往往远远超出屏幕上的信息。他们利用 SIS 作为一种资源,对不同可能的量刑重新构造不同的理由。

Tombs 认为其他形式的"信息援助"(如国家量刑前报告标准)正在消除量刑的语境化。在量刑前报告中使用风险评估分数意味着"个人的知识已经'丢失'",风险评估工具已经导致了"去情境化"(Tombs 2008:12)。

然而,至少在苏格兰,这种观点夸大了风险评估工具的使用及其重要性。第一,风险评估信息通常通过判刑前的报告提供给法院。虽然报告的撰写者被要求纳入风险评估工具,但近距离的实证研究表明,大多数社会工作报告撰写者往往对这些工具持怀疑态度,并且经常不把它们囊括进来(McNeill 等人 2009)(即使检查机构中有影响力的人会因此批评他们)。第二,同一研究表明,量刑者和律师对风险评估工具不感兴趣,倾向于忽视它们。令人惊讶的是,法官们对风险评估技术的漠视和轻视(尽管他们也可能对社会工作者作职业判断,Tata 等人 2008)。在阅读量刑前报告时,对犯罪和罪犯的司法解释将凌驾于报告撰写者所提的建议、所作的编码。同样,这与所说的法官被给予简化的封闭信息、只能被动地消费它们的说法不同。第三,尽管社区司法专业人员越来越多地提到风险和风险技术,但他们似乎以特定的方式这样做,包括在捍卫福利价值(如构建叙事,说明解决"风险"的最佳方法是关注

"需求")(McNeill 等人 2009；另参 Lynch 2000；Wandall 2008：118-119)的日常实践中,"风险"和"福利"意识形态之间可能没有简单的区别。

第四节　镜像：新刑罚学启发的文学传统与法律—理性传统

尽管哀叹叙事和对独特个体关注的明显丧失,但 Franko Aas(2004、2005)、Tombs(2008)和其他人提出的新刑罚学,启发了关于量刑的文献,与法律—理性传统一样,通过法律形式主义和事实实证主义的视角来看待量刑行为。官方规则基本上是惰性的,事实是给定的。变化源于官方政策、程序和"上头"的论述,而不是其"街头"实施的实践(Lipsky 2010)。根据自主个人主义范式的推定,我们把自由裁量权描绘成在没有司法限制的情况下允许的个人自由(司法)选择(详见第二章)。Franko Aas 认为"自由裁量权与规则相反……自由裁量权的存在是以选择的要素为前提的"(Franko Aas 2005：15)。在她的分析中,裁量权和规则作为不同的、相互竞争的独立的力量发挥作用。

虽然受新刑罚学启发的量刑文献关注过度的法律理性和人文价值的丧失,但它仍然认同法律—理性传统主张影响自由裁量权的"结构"的概念。自由裁量权是被行使的(见第二章)。这是基于一种"自上而下"的人类行为观,这种观点很少考虑人们如何解释和使用明显的结构化的要求。苏格兰的 SIS 经验表明,这是一种不断变化的一般性—特殊性的对话(例如,在总体的和个人的正义观之间),这意味着 SIS 与其说是一种工具性的要求,不如说是一种资源。如果 SIS 说明了技术管理控制的潜移默化,那就是把"刑罚代理人"想象成自动操作的装置,或被困在刑事司法制度过度合理化的"铁笼"中的驯化的身体。

这种信息观既是实证性的,又是决定性的。

虽然在规范上是对立的,但新刑罚学启发的文学传统与法律—理性主义传统有着相同的认识论和本体论假设。两者都采用自上而下的视角,(高看)优待官员的权力:法律、规则、政策和程序,以及将信息视为独立事物的实证观点。因此,他们太过于关注规范性的事项(赞成或反对解释、司法、一致性/相称性或个性化等),很少关注理解信息的社会过程:法官和其他专业人员,不仅作为个人而且在履行职业关系中,如何流畅地使用"信息"(见第四章和第五章)。在现实社会生活中,信息本身并不作为一种自主的东西而存在,它们之间总是互相联系、调适和相关的。

这并不是要否认,曾经被视为职业领域的任务存在非专业化的情况。例如,Robinson(2017、2018)通过近距离的实证研究,记录了在英格兰和威尔士非专业缓刑服务人员如何越来越多地制作刑前报告。更多的对象,如技术、案件文书等,可能会被赋予代理意识,可能在不同的时间以不同的方式被人们体验为"做"动作。这引起了对人和事物在社会中相互作用的方式的关注:这些"事物"的含义是如何变化的,它们是如何在错综复杂的关系中出现并构建世界的(如 Bastard 和 Dubois 2016;Hutton 2013;van Oorschot 2018、2020)。

第五节　结　　论

实证研究发现,法律程序本身在案件的制作、转换和标准化过程中产生了相对的一致性(尤其见第三章)。与之相反,Franko Aas(2004、2005)延续了一种假象,即一致性的实践主要是由官方规则产生的。此外,在推崇自由裁量权和贬低官方规则的过程中,我们被邀请回忆过去,那时案件不是社会建构的。几乎没有人承认,案件通过社会联系和彼此作为案件"流"的相互关系(Emerson 1983;另见第三章),以及通过职业关系的表现(见第四章和第五章),被构建、转化和规范化。相反,我们被邀请回顾那些被认为是更简单的时代,那时法官通过行使由智慧积累的丰富经验所构成的判断(Brown 2017:226-240),根据他们面前完全独特的个人来做出决定。每个案件都被描述为不受过程影响,仿佛是自立的,与其他案件无关,与自主的法官与其他法官或专业人员没有任何关系。当然,这是一个诱人的浪漫神话:对前工业时代纯真的遐想。因此,像《信息时代的量刑》这样的故事有着永恒的、诱人的吸引力:它表达了我们对工业化、机械化和不可避免的非人化的焦虑,而这些技术可能很容易成为例证。当然,这些风险是真实存在的,但温情脉脉却具有误导性的怀旧的风险也是如此。

本章参考文献

Bagaric, M., & Wolf, G. (2018). Sentencing by Computer. *George Mason Law Review*, 25(3), 653-709.

Bastard, J., & Dubois, C. (2016). Making Sense or/of Decisions? Collective Action in Early Release Process. In A. Hondeghem, et al. (Eds.), *Modernisation of the Criminal Justice Chain and the Judicial System* (pp.169-172). Cham: Springer.

Bovens, M., & Zouridis, S. (2002). From Street-Level to System-Level Bureaucracies: How Information and Communication Technology Is

Transforming Administrative Discretion and Constitutional Control. *Public Administration Review*, 62(2), 174–184.

Brown, G. (2017). *Criminal Sentencing as Practical Wisdom*. Oxford: Hart Publishing.

Cheliotis, L. (2006). How Iron is the Iron Cage of the New Penology? *Punishment & Society*, 8(3), 313–340.

Chiao, V. (2018). Predicting Proportionality: The Case for Algorithmic Sentencing. *Criminal Justice Ethics*, 37(3), 238–261.

Doob, A. (1990). *Evaluation of a Computerised Sentencing Aid* (pp.2–5). Select Committee of Experts on Sentencing (European Committee on Crime Problems, Council of Europe).

Doob, A., & Park, N. (1987). Computerised Sentencing Information for Judges: An Aid to the Sentencing Process. *Criminal Law Quarterly*, 30(1), 54–72.

Emerson, R. (1983). Holistic Effects in Social Control Decision-Making. *Law & Society Review*, 17(3), 425–456.

Feeley, M., & Simon, J. (1992). The New Penology: Notes on the Emerging Strategy of Corrections and Implications. *Criminology*, 30(4), 449–474.

Feeley, M., & Simon, J. (1994). Actuarial Justice: The Emerging New Criminal Law. In D. Nelken (Ed.), *The Futures of Criminology* (pp.173–201). London: Sage.

Franko Aas, K. (2004). From Narrative to Database: Technological Change and Penal Culture. *Punishment & Society*, 6(4), 379–393.

Franko Aas, K. (2005). *Sentencing in the Age of Information: From Faust to Macintosh*. London: Glasshouse Press.

Frase, R. (1997). Sentencing Principles. In M. Tonry (Ed.), *Crime and Justice: A Review of Research* (Vol. 22, pp. 363–433). Chicago: University of Chicago Press.

Frase, R. (2007). The Apprendi-Blakely Cases: Sentencing Reform Counter-Revolution? *Criminology & Public Policy*, 6(3), 403–432.

Garland, D. (2001). *The Culture of Control: Crime and Social Order in Contemporary Society*. Oxford: Oxford University Press.

Gelb, K., & Freiberg, A. (2008). *Penal Populism, Sentencing Councils and Sentencing Policy*. Cullompton: Willan Publishing.

Hall, M., & Rossmanith, K. (2015). Imposed Stories: Prisoner Self-Narratives in the Criminal Justice System in New South Wales, Australia. *International Journal for Crime, Justice & Social Democracy*, 5(1), 38–51.

Hannah-Moffat, K. (2018). Algorithmic Risk Governance: Big Data Analytics, Race and Information Activism in Criminal Justice Debates. *Theoretical Criminology*, 23(4), 453–470.

Hogarth, J. (1988). *Sentencing Database System: User's Guide*. Vancouver: University of British Columbia.

Hutton, N. (1995). Sentencing, Rationality and Computer Technology. *Journal of Law & Society*, 22(4), 549–570.

Hutton, N. (2013). From Intuition to Database: Translating Justice. *Theoretical Criminology*, 17(1), 109–128.

Hutton, N., Paterson, A., Tata, C., & Wilson, J. (1996). *A Prototype Sentencing Information System for the High Court of Justiciary: Report of the Study of Feasibility*. Edinburgh: HMSO/Scottish Office Central Research Unit.

Lipsky, M. (2010). *Street-Level Bureaucracy: Dilemmas of the Individual in Public Services* (Martin Robertson 30th anniversary ed.). New York: Russell Sage Foundation.

Lynch, M. (2000). Rehabilitation as Rhetoric: The Reformable Individual in Contemporary Parole Discourse and Practices. *Punishment & Society*, 2(1), 40–65.

May, T., & Annison, J. (1998). The Deprofessionalization of Probation Officers. In P. Abbott & L. Merrabau (Eds.), *The Sociology of the Caring Professions* (pp.157–177). London: Routledge.

McNeill, F., Burns, N., Halliday, S., Hutton, N., & Tata, C. (2009). Risk, Responsibility and Reconfiguration. *Punishment & Society*, 11(4), 419–442.

Newman, D. (2016). Are Lawyers Alienated Workers? *European Journal of*

Current Legal Issues, 22(3).

O'Malley, T. (2009). *Principled Discretion: Developing a Coherent Sentencing Policy*. Kildare: Irish Academic Press.

O'Malley, T. (2013). Living Without Guidelines. In A. Ashworth & J. Roberts (Eds.), *Sentencing Guidelines* (pp. 218 – 236). Oxford: Oxford University Press.

O'Malley, T. (2016). *Sentencing Law and Practice*. Dublin: Thomson Round Hall.

Perry, R. (2007). Book Review — Sentencing in the Age of Information: From Faust to MacIntosh. *Punishment & Society*, 9(4), 421 – 424.

Phillips, J. (2017). Probation in the Information Age. *Probation Journal*, 64(3), 209 – 225.

Potas, I. (2005). The Sentencing Information System. *Australian Law Reform Commission — Reform Journal*, 86, 17 – 23.

Robinson, G. (2017, October 9). Stand-Down and Deliver: Pre-sentence Reports, Quality and the New Culture of Speed. *Probation Journal*, 64(4), 337 – 353.

Robinson, G. (2018). Transforming Probation Services in Magistrates Courts. *Probation Journal*, 65(3), 316 – 334.

Rodaway, P. (1995). Exploring the Subject in Hyper-Reality. In S. Pile and N. Thrift (Eds.), *Mapping the Subject: Geographies of Cultural Transformation* (pp. 241 – 266). London and New York: Routledge.

Sentencing Commission for Scotland. (2006). *The Scope to Improve Consistency in Sentencing*. Edinburgh: TSO.

Stith, K., & Cabranes, J. (1998). *Fear of Judging: Sentencing Guidelines in the Federal Courts*. Chicago: Chicago University Press.

Susskind, R., & Susskind, D. (2015). *The Future of the Professions: How Technology Will Transform the Work of Human Experts*. Oxford: Oxford University Press.

Tata, C. (1997). Conceptions and Representations of the Sentencing Decision Process. *The Journal of Law & Society*, 24(3), 395 – 420.

Tata, C. (2000). Resolute Ambivalence: Why Judiciaries Do Not

Institutionalize Their Decision Support Systems. *International Review of Law, Computers & Technology*, 14(3), 297-317.

Tata, C. (2018). Reducing Prison Sentencing Through Pre-sentence Reports? Why the Quasi-Market Logic of "Selling Alternatives to Custody" Fails. *Howard Journal of Crime & Justice*, 57(4), 472-494.

Tata, C., Burns, N., Halliday, S., Hutton, N., & McNeill, F. (2008). Assisting and Advising The Sentencing Decision Process: The Pursuit of 'Quality' in Pre-sentence Reports. *British Journal of Criminology*, 48(6), 835-855.

Tata, C., & Hutton, N. (2003, October). Beyond the Technology of Quick Fixes. Will the Judiciary Act to Protect Itself and Shore Up Judicial Independence? Recent Experience from Scotland. *Federal Sentencing Reporter*, 16(1), 67-75.

Tata, C., Hutton, N., Wilson, J., Paterson, A., & Hughson, I. (2002). *A Sentencing Information System for the High Court of Justiciary of Scotland: Report of the Study of the First Phase of Implementation, Evaluation and Enhancement* (Centre for Sentencing Research).

Tombs, J. (2008). Telling Sentencing Stories. In P. Carlen (Ed.), *Imaginary Penalities* (pp.84-112). Cullompton: Willan Publishing.

Tonry, M. (2016). *Sentencing Fragments*. New York: Oxford University Press.

Tonry, M., & Frase, R. (Eds.). (2001). *Sentencing and Sanctions in Western Countries*. New York: Oxford University Press.

van Oorschot, I. (2018). *Ways of Case-Making*. Rotterdam: Erasmus University of Rotterdam.

van Oorschot, I. (2020). *The Law Multiple: Judgement and Knowledge in Practice*. Cambridge: Cambridge University Press.

Wandall, R. (2008). *Decisions to Imprison: Court Decision-Making Inside and Outside the Law*. Aldershot: Ashgate.

Welsh, L., & Howard, M. (2018, August 13). Standardisation and the Production of Justice in Summary Criminal Courts. *Social & Legal Studies*.

第七章
研究和政策的新方向

[摘要] 量刑学术的特征是急于解决人们所认为的规范问题。支持改革的法律—理性传统和反对改革的司法—防御传统,阻碍了对量刑决策更深层次概念化的发展。本章回顾了本书的关键信息,阐述了关键政策和改革难题的规范含义,包括规则和裁量权、量刑的一致性和个性化、司法的效率和质量以及刑罚的有效性。同时邀请读者反思包括制定研究议程、将量刑重新概念化为一个社会性过程等问题。

[关键词] 量刑改革 量刑研究 刑罚改革 监禁 辩诉交易 刑事司法的效率 量刑差异

导读

第一节强化了本书关于摆脱拥有财产权的自主个人主义的假定的束缚的观点,以便在第二节中追问研究和政策应该做什么。我从四个方面考察了量刑的解释性、过程性和表演性的含义:第一,规则、事实和自由裁量权;第二,效率的含义;第三,新的研究议程(侧重于受该刑事司法程序影响的人的经历);第四,在适度地使用监禁时,需要更加清晰的目的(特别是需要放弃"监禁是最后手段"的格言,这一格言只将监禁作为默认手段)。

第一节　放松对所谓的自主个人主义的控制

关于量刑的学术和政策思考一直专注于这样一个问题：对司法量刑者，应给予其更多或更少的限制（法律），或更多或更少的自由（裁量权）。因此，人们所熟悉的问题有巨大的回响。如果要对量刑做些什么，应该怎么做？如何使量刑更加一致、真正相称、透明和有效地减少再次犯罪？裁量权应该如何被限制、被了解、被构建（结构化）或被保护？

这些都是重要的问题，但提问的急切性往往会阻碍对决策更深入的经验性理解。法律理性改革者对改善问题如此不耐烦，司法防御怀疑论者对保护现状如此焦虑，以至于这两种传统都倾向于模糊和阻碍对决策进行更深入概念化的可能性。我们还需要小心，不要从规范性的关注中"解读"出量刑的经验性描述。

然而，尽管在激烈角力，或者可能也正因为如此，这两大传统事实上拥有相同的量刑本体论假定。在假定的自主个人主义的笼罩之下，法律被视为体系化和限制的工具性规则，与被视为法律规则缺乏所留下的自由裁量权相对。正如我们在第二章中所看到的，这植根于自由和强制的二元概念，并以完全独立、拥有财产所有权的男性为前提。第一，在这场对决中，"规则"和"裁量权"的实际概念被定位为不变的静态自治实体。第二，量刑决策被视为自主的个人时刻。第三，量刑被认为是独立的单独事实或因素的接受者，每个事实或因素又各自拥有不可剥夺的单独属性。

相比之下，本书认为量刑决策是一个直观的、整体性的（但不是非理性的或无法解释的）过程，它产生于并导致了转换性的案例工作，并通过履行社会和文化的角色与实践来规范及构建决策。

第七章 研究和政策的新方向

它是可预测的、相对一致的,不受正式规则或个人因素的影响。如第三章所述,量刑作为一种社会性过程的研究结合了两种传统的特征。它一方面可以揭示决策的整体性和直观性,另一方面也可以揭示决策的可知性、可预测性和可解释性。

量刑由一系列自主的个人行为决定的观点应该被放弃。决策者只能在一个共享社会期待和义务的世界中运作。个体的"因素"不会自主运作,作为单独的自我控制的力量作用于决策者个人。

相反,正如第三章所说,我们可以把日常的量刑活动理解为对"典型的整个案件故事"的认可和持续的再创造。此外,正如案例中的信息不是由离散的、孤立的要素组成的,决策者也在一个共享意义、常规速记、线索和代码的世界中共同运作。就像在解释案件信息时一样,社会关系不仅调节信息的传播,而且它构成了信息的传播。关系本身是在关于案例的沟通中进行的,而关于案例的沟通构成了关系。

自主个人主义的假设本身就是关于自我的一种历史具体性的社会文化观念(如 Davies 1999、2007;Lacey 2018;Nedelsky 2011)。我们已经看到,这种假设不仅包括人类行为的构想方式,也包括量刑所设想的更广阔宇宙的构想。自主个人主义假定范式延伸到案件事实和因素以及规则和裁量权,所有这些都被描述为具有自身属性的自主个体力量,并通过相互作用保持不变。

如第四章所述,这些想法进一步反映在职业的概念中。职业管理规则和事实之间的流动、互动,以控制个人对工作的自主支配权。由于无法想象和处理刑事案件背后总体性的社会模式,量刑专业人员的工作只能理解那些在他们面前的人的行为,这些行为是由基本上自主的个人创造的。这就要求那些被判刑的人把自己表现成应受谴责的、自主的个人。此外,正如第五章所指出的,各个自主职业之间的工作联系不紧密,这意味着被判刑者必须考虑一系列相互联系的影响。在没有任何控制计划的情况下(确实正是因为它非常缺乏),独立专业的看似自主的工作共生地实现了潜在的效果:案件的快速处理和产生"理想"的刑罚主体。尽管人们普遍认为技术理性工具正在削弱量刑工作领域的专业"所有权"。第六章的进一步分析表明情况更为复杂。事实上,这些主张有时是基于假定的量刑工作的自主个人主义。

我想阐明,决策在本质上必然是社会性的,原因有三:第一,它是解释性的,在量刑工作的现实中,孤立的个体"事物"不会也不可能静态地、自主地存在。所以意义是由关系构成的。第二,量刑是一个陈述案情和制定议程的过程,而不是一个瞬间的决定。这意味着不仅是法官在做量刑工作,而且所有那些构建案件的人都在参与。第三,量刑工作是在沟通性的表演中完成的。除这种表演外,案件、事实或判决没有其他本质。表演不应被理解为暗示某种虚假的东西,仿佛有一些真实的个体本质有待发掘,而是鼓励我们思考在量刑工作的日常实践中角色和关系的实现。

第二节 量刑研究和政策现在应该做什么?

一、一种对规则、事实和裁量权的解释性研究方法

本书揭示了拥有财产的自主个人主义的假定是进步主义改革者和保守派的核心隐喻。这个隐喻在决策实践的学术和政策概念中得以再现,假设量刑是自主个人行动集合的产物。此外,这种想象中的自主个人主义投射在一个想象中的更广阔的包括量刑"事

物"的"宇宙"中,并由其再现:一个假定由自主个体实体(如规则、事实、因素、决策时刻、技术等)组成的宇宙,每一个都有其自主的属性。相反,我主张采取一种方法,将量刑案件的"事实"理解为刑事诉讼实践中必然的和不可避免的类型化:"整个案件故事的类型化"。

抽象地把二元范畴(例如规则与裁量权、加重与减轻因素、规则与事实等)作为独立的对象来讨论是有意义的。然而,试图从经验上表现这种二元思维模式的问题要大得多。取而代之的是一种基于"整个案件故事类型化"的研究方法,它承认量刑在关系上是有意义的,提供了一种互补的研究方法。这使我们能够认识到决策既有整体性,也有直观性;既不是非理性的,也不是无法解释的。这种假设是法律—理性传统和司法—防御传统都犯下的错误。一种解释性的方法使研究能够认真对待法官的诉求,即决策是语境化的,又没有给司法—防御传统的经验缺陷打开缺口。

对规则、事实和自由裁量权的一种解释性方法对量刑改革意味着什么?将决策过程视为整体和直观的(因为它是案例构建和过程类型化的结果)要求我们重新评估我们的决策知识。它使我们能够重新思考其对研究和政策的影响,尤其是关于指导方针和差异的规定。

(一)这对指导方针和规则类工具有什么影响?

把官方规则视为量刑决策的主要限制的想法是不可行的。这并不是说官方规则在工具方面不重要。然而要重申的是,官方规则几乎总是不确定的、有限的且相互矛盾的。它们依赖于与案例"事实"的相互应用,这些事实本身通过关系和角色的表现在认知与组织上得到类型化、规范化。这意味着,我们应该以怀疑的态度对待普遍存在的、简单的假设,即由于量刑缺乏许多官方规则,因此必须是"非结构化的":一个个人自由的领域。这是量刑和法律决策学者经常犯的一个关键错误。法律的自负之处在于以为自己是唯一的或主要的用来"构造"人类生活的力量。我们不应感到惊讶的是,规则式的工具(法律、准则、原则等)的影响是有限的(如 Tonry 2016;Ashworth 2013;另请参阅 Lipsky 2010)。正是在执行一般性表述的要求中,它们不可避免的模糊性、偶然性和相互矛盾变得明显起来。

我们已经看到官方规则工具性的局限性。如果我们想"修复"已识别的问题,就需要更仔细地研究整个过程中案例构建的社会动力。仅仅关注最终正式的司法裁决(虽然这可能很重要)是不够的,我们应该关注如何为该正式裁决制定议程:这意味着关注由所有专业人士组成的程序。

(二)理解一致性和差异性

1. 理解和衡量案例的相似性

一致性意味着以相似的方式对待相似的案例,以不同的方式对待不同的案例。现有的研究方向假设如果量刑具有广泛的形式自由裁量权,那么它必须是无组织的、武断的、任性的、不一致的。我认为,尽管缺乏正式规则,但量刑是一个社会结构化和可预测的过程(如 Baumgartner 1992;Leibling 2000;Tata 和 Hutton 1998)。这意味着,如果我们想要衡量一致性和差异性,首先需要创建一种方法,可以更好地和更细微地理解案例的相似性,以便通过使用官方数据类别更有意义地记录决策(参见第三、第六章)。研究应将注意力集中在正式规则和非正式规则(如组织规范和文化习俗)的界定及其关系。只有这样,我们才能在对日常实践有更坚实的认识的基础上进行可能的改革。

2. 差异性的实用价值和表现

量刑差异不仅违反了法律平等原则,还产生了系统性的不可预测性和低效性。不可预测性意味着政府无法预测对监狱场所的"需求",不一致性阻碍了改善系统性的尝试。例如,"挑选法官"是(通常是辩护律师)试图通过休庭来选择更有利的裁判者的战术实践,希望能找到不同的判决者。这不一定是不道德的;事实上,有人可能会辩称,辩护律师有义务为他们的当事人挑选法官。然而,从系统的角度来看,差异的存在或至少是对差异的感觉,会导致延迟和低效。虽然从辩护律师的角度来看是明智和理性的(Tata 2007),但挑选法官的愿望破坏了加速案件处理政策的既定目的(例如,因提前认罪而减刑,或努力减少被告不出庭的概率)。

此外,在某些情况下,法官也可能利用自己或他人特立独行的名声,来帮助管理自己的案件量。从他们的角度来看,这是非常高超的"法官技艺"(Cowan 和 Moorhead 2007;Roach Anleu 和 Mack 2017)。换句话说,认为差异性仅仅是由于随机的"偶然事件"(von Hirsch 等人 1987:4)或者个人观点的结果(如 Hogarth 1971),这些看法忽略了差异性对专业人士的实际效用。

专业人士之所以重视一定程度的差异性,不仅是因为其管理效用,还因为其本身的审美品质。这是专业人士工作表现的一部分,正如我们在第五章中看到的,这在很大程度上取决于单独的个人责任的比喻。略有差异是司法技艺中的一种个人特征,它标志着对司法的官僚正义理想类型的死板的一致性的轻微抵制。

寻求通过实施更严格的官方规则、指南方针或实际绩效目标来减少差异性的改革者,不仅需要意识到它们的可塑性、"创造性合规"(McBarnet 和 Whelan 1991)和"规避"的可能性(Tonry 2016：107），他们还需要考虑到这样一个现实，即差异性，或者至少是对差异性的感知，是一种宝贵的个人专业资源。它可能在系统上效率低下，也可能不公平，但它也是一种提高管理效率的有用工具。通过它，从业者可以控制案件及更广泛的案件量，并执行工作中的个性化技巧。这表明，旨在缩小差距的改革也应该与改革紧密联系在一起，改革可以为从业者提供更大的控制权，以抵消这种损失。

二、重新思考"效率"的含义

将量刑视为一个社会性过程，表明需要重新思考效率的含义。在司法系统中，司法的"效率"和"质量"通常被视为对立的竞争美德。最终，这归结为一场理想与实践之间的辩论。在一个理想的世界里，传统的政策思维在运行，我们会更深入地探索案例，但资源有限，因此限制是必要的。在围绕认罪，尤其是认罪交易的争议中，这种权衡的想法最为尖锐。传统上，人们认为鼓励"早期"认罪是务实的。如果不认罪，刑事法院系统将在重压下崩溃："不完美世界中的务实司法"(Flynn 和 Frieberg 2018)。

（一）辩诉交易仅仅是一种实用的必要性吗？

辩诉交易可以用案件负荷的压力来解释吗？至少有四个很好的理由来质疑其对案件量的解释：第一，几乎没有证据支持"案件负荷理论"，从开庭审判到非庭审裁决、制度变迁的时间和地点，与案件输入的显著增加无关(Weigend 2006：213)。第二，鼓励放弃审判的方案不能用工作量多少来解释(如 Eisenstein 和 Jacob 1977；Feeley 1979、1982；Heumann 1975、1978；Mather 1979；

Vogel 2007)。第三,与此相关的是,对高等法院和低等法院的长期案件量进行比较,发现认罪率差异非常小:"即使在案件量压力非常小的情况下,也有很高比例的案件以认罪结案。"(McCoy 1983:59)第四,讽刺的是,鼓励提前和解的体制所产生的期待本身,可能会导致浪费时间的"搅局"和庭审的延迟,导致"休庭文化"((Kemp 2008; Gormley 和 Tata 2019)。

让我们思考一下"效率"的含义。衡量司法系统的"效率"并不是没有价值的做法。它意味着基于对质量和最终正义的不同和相互冲突的观点,对什么是公正、必要和浪费提出规范性主张。不难想象,效率就是以较低的单位成本生产和处理更多案件。然而,量刑的预期产出应该是什么?量刑过程应该产生什么结果?仅仅是案件处理的数量?

根据定义,司法系统输出的必须是正义。因此,将司法质量与案件数量联系起来的方法不可能是"有效的"。那些寻求维护正义理想的人,无论如何定义,都应该主张"效率"的真正含义是产生正义,而不是将"效率"拱手让给案件处理本身。这意味着,通常被视为案件处理的"真正业务"与看似多余的沟通价值之间的简单分割是错误的。我们不应该把沟通视为参与可有可无的琐碎之物,而应该把它们视为真正效率的关键,并且是不可分离的。这让我们想到了普遍存在的"工具性"和"纯粹象征性"之间的二元划分。

(二) 行动与沟通?

在"正义"和"效率"之间普遍存在但最终毫无意义的区分,反映了"工具性"和"象征性"之间的区分。我们经常说实践"仅仅"是象征性的、礼仪性的或仪式性的,好像它们只不过是对行动的美化。这让人联想到"纯粹的"言语和"真正的"行动——说和做之间的对立。

然而,沟通并不仅仅是"纯粹"的谈话或象征,它执行并实现行动和改变。所谓的"工具性"与"象征性"之间的区别,在刑罚这一领域尤其不可持续,因为"工具是象征性的"(Garland 1990:225)。然后,我们可以开始以不同的方式思考量刑过程中有意义的沟通的价值,公开谴责并追究被判刑人的责任,但也让其(以及被害人)有机会表达自己。没有这一点,人们(包括量刑专业人士)发现这个过程空洞、刻板,毫无意义,也就不足为奇了(Bandes 2015)。事实上,对日益冷漠的工具性效率的追求,实际上使被影响的当事人受到压制而被迫沉默,这可能是公众对这一过程持怀疑态度的驱动因素。该政策的含义是重视情感上有意义的沟通,因为只有这样才能让人感到被倾听、被尊重,并提供情感上的解决方案。

证人、被害人和罪犯一再抱怨的不是量刑错误,而是他们没有获得真正参与的机会,感觉自己被当作一件物品来处理(如Jacobson 等人 2015)。这并不是要否认量刑专业人士每天都会勇敢地努力与法院的"用户们"进行有意义的沟通,尽管有制度的驱动因素,但他们这么做却不考虑这些因素。

此外,不断被推动变得越来越冷漠的司法程序,似乎与公共问责和有情感意义的沟通的价值观背道而驰。行政机关(检方和警方)庭外和解"要约"的大幅扩大,意味着在某些司法辖区,更多的案件是通过这种方式处理的,而不是通过法院(Matthews 2016)。虽然有可能创造性地使用这些行政措施,但我们必须记住,它们不是偏离了刑罚体系,而是偏离了公开法庭上的正当程序保护。尽管接受和解协议本身并不构成刑事定罪,但它仍然是"犯罪历史"的一部分,会被未来可能成为雇主的人、公共当局、边境机构、警察等搜索到。它要求委托新的研究来解决紧迫的问题。要约的决策是如何做出的？收到要约的人是如何解读的？他们又是如何决策的？可以得到怎样的法律咨询？金钱要约（罚金）"报价"的依据是什么？如果有的话，检察官或警方是如何根据此人的支付能力来衡量的？

所有这些都意味着简单地把"效率"视为大规模案件处理的观点是站不住脚的。我们可以设想两种思考效率的方式：第一种可能被称为"案件处理效率"，假设与支出相关的案件处理量等于"效率"。然而，这忽略了一个事实，"有效司法"的目标应该是产生正义。正如功利主义哲学所主张的那样，效率总是为了实现一个合乎道德的目标。"物有所值"，让我们思考我们想要实现的价值。相反，我们可以设想第二种关于效率的概念，"情感智慧效率"。这项工作的重点是促成：参与，尊严，对所造成的伤害负责，以及正义应该被看得见，从而被视为合法。

（三）复合效应

在我们对效率的思考中，我们应该寻求将分散的、相互加重的纠缠效应与司法制度结合起来。长期以来，从业者一直认为，从事司法过程的经验往往会对人们的身体健康、心理健康、经济、就业、家庭和住房安全产生负面影响。在程序中感觉被贬低，对公共财政的其他部分造成的影响，可能远远超过节省的边际成本，例如，警察和开庭时或缓刑考验期内的证人、罪犯、被害人等打交道花费的时间。就像对地壳的一种看似离散的扰动可能会对更广泛的生态系统中其他所谓自主的个体元素（如海洋）产生多米诺骨牌效应一样，司法过程的影响也会产生累积效应。在忽视这些影响的趋势中，我们再次看到了自主个人主义的普遍性：宇宙被分裂成独立的个体实体,这些实体存在于自身之中,彼此孤立。相反,司法程序中发生的事情不能脱离其他公共政策领域。衡量司法对其他(据信是独立的)领域的影响可能是一个雄心勃勃的项目,但如果我们要开始更认真地考虑效率,那么研究应该记录下这些整体影响。

(四) 重组法律援助以促进刑事司法

让我们举一个例子,说明一个领域的公共支出似乎有效率,但很可能导致整体效率低下:法律援助支付制度。在一些普通法国家(如英格兰和威尔士、澳大利亚、苏格兰、加拿大),通过提供公共资金来支付私人律师事务所辩护律师的费用引起了激烈的争论。他们的政府鼓励法律援助机构限制支出,同时仍能处理相同数量的案件。如果我们试图设计一个社会效率高的系统,那就必须考虑对其他机构的附带后果。

目前,法律援助倾向于激励"案件处理"。关于法律援助支出的辩论仅集中于法庭上发生的事情,被视为律师的领域。从更广泛的社会角度来看,这是没有效率的。它也往往会导致自身的混乱:系统本身会引发需求。这些需求只会因与刑事司法的纠缠而根深蒂固并加剧。尽管法律援助(以及更广泛的体系)有必要,但一些从业者通常会尽最大努力以这种方式帮助人们。

我们希望减少人们反复进入刑事司法的可能性,但我们一直在煽动错误的事情。辩护律师有独特的地位,可以给他们的当事人介绍福利救济、医疗、成瘾治疗、住房等服务。目前,这样的工作是无偿的。重组法律援助,以奖励帮助当事人退出刑事司法的辩护律师,在社会上会更有效,即使在一个法律援助机构的狭隘预算表上看起来可能不那么好。

三、研究被告人的经历

值得注意甚至令人羞愧的是,包括我自己的研究在内,在理解被判刑者的经历方面所取得的成果是如此之少。研究一直在压制和边缘化这些声音。虽然我们认为我们知道人们经历了什么,但事实上作为研究人员,往往是根据我们的研究假设以及专家对人们的感受和体验的看法去进行"解读"的。正如停止研究(如 Maruna 2001;McNeil 2015;McNeill 和 Weaver 2010;Schinkel 2014;Weaver 2016)表明的那样,这不是一回事。人们通过偶然事件以及他们更广泛的生活因素来理解他们与司法系统的纠葛;他们为量刑和权威的理解与解释提供了宝贵的洞见,也有助于我们更有效地思考如何提高法律遵从性(例如 Boone 和 Maguire 2017;Weaver 和 Barry 2014)。最近有一些有价值的研究(如 Gibbs 2016;Jacobson 等人 2015)以及先前的一些研究(如 Casper 1972)在采访或调查中询问人们对自己经历的刑事诉讼的看法。然而,需要的是对刑罚执行过程中的纵向追踪和观察,理想的做法是将那些与相关专业人士在这些案件中的经验和意图直接联系起来。

(一) 专业绩效

思考量刑中职业角色的表现提供了一个富有成效的调查途径(如 Roach Anleu 和 Mack 2017)。正如我们在第四章和第五章中看到的,一方面,量刑专业人员希望迅速处理案件;另一方面,他们作为专业人士的表现必然要求人们看到他们,认为其对正义负有个人责任。量刑如果要被视为不仅仅是施加不合理的暴力(Cover 1986),就必须证明它是合法的,也就是说,是正当的和应得的。正义不仅要得到伸张,更重要的是,要被看得到如何由量刑专业人士来伸张的。

这两个要求(迅速处理案件和看到正义伸张)可能导致不可调和的冲突。然而,这两个要求之间的潜在冲突可以通过认罪来解决。通过展示被告人选择自由而真诚地认罪,被告人被视为自愿接受这一过程的合法性。鉴于刑法和刑罚强调的自主个人主义范式假设(见第四章),没有什么比看到一个假定的自主个体自由地选择承认自己的罪责,并接受即将到来的惩罚的合法性更能给人留下深刻印象了。这种对个人罪责的自愿承认和接受(第五章提出,这部分是通过人性化工作产生的),压倒了对该过程的公平性和合法性的潜在专业疑虑。人性化工作(减轻罪行、个性化、发表意见等)有助于重现"理想的"罪犯,他们可以自由地、诚心诚意地承认罪行并接受随后的刑罚。

因此,早早认罪确实节省了"资源",但不是狭义的财务或时间意义上的。相反,节省了专业人士的情感、认知和关系资源。自愿和真诚地认罪,把专业人士从对程序公平性的潜在削弱性的怀疑和不确定性的威胁中解救出来,以及被告人在法律上的否认和在道德上对惩罚的道德抵制所需要的智力和精力。

(二)"什么是有效的?":问题与罪犯的再造

关于量刑,最常被问到、研究最多的问题或许是:什么能减少再次犯罪?什么干预措施最有效?然而,"什么是有效的?"这个问题的前提是量刑以及卷入更一般的司法程序,减少了未来再被卷入进来的可能性。

我们在第五章中看到,通过自由地承认个人的罪责来表明接受即将的刑罚的要求,往往会重新调整行为人的态度,从而产生"理想"的当事人。否认事实上和/或道德上有罪的人,会让那些做

"矫正"(或"治疗")的量刑专业人员"无事可做"。他表现出一种"不合作""不安分"或"拒绝"的态度。这提醒我们一个令人不安的事实,即量刑过程,包括其执行,有一种重新建立自己的当事人群体的趋势。然而,当事人的再生不仅是通过标签和污名化,还通过与刑事司法的任何纠葛造成的贫困和社会排斥效应实现(例如 Mcara 和 McVie 2007、2010)再犯溢价(对有前科者加重处罚)(如 Roberts 和 von Hirsch 2014)。发生这种情况的另一个原因是,在量刑过程中包括执行过程中,人们往往无法弄清他们必须做些什么才能从刑事司法中解脱出来。因此,实现需要的个人改变的尝试可能会被阻挠(如 Hall 2016;Schinkel 2014)。

在一定程度上,由于在这一过程中不同要素之间的连接不紧密(在第五章中讨论),该过程倾向于保留并嵌入被判刑者对刑事司法的依赖。尽管它趋向于培养当事人,但是退出刑事司法的发生,并不是因为它有助于退出(如 Weaver 2016)。当然,所有的行业、所有的职业,无论多么善意,都有培养自己"客户群"的倾向(如 Abbott 1988;Foucault 1980、1977;Johnson 1972;McNeill 2019)。然而,这一洞见引发了对以下问题的回应:"为什么司法系统不能更好地减少再犯?"相反,我们应该问:人们是如何克服困难设法离开刑事司法的,我们能从他们的成功脱身中学到什么?

(三)关注交接和辅助人员

研究应该开辟的一条新路径是,转向辅助工作人员把关和对接的正式自主决策时刻和职业领域之间的交接及其所做的工作。这也有助于研究专业工作领域之间松散连接的交接(如"法律"工作和"治疗"工作,见第五章)。在一个专业领域和另一个专业领域之间的界面和差距中,似乎没有什么正式的决定,个人的状态是有限的、暂停的和不确定的。

通常情况下,这些专业间的脱节往往被认为仅仅是专业独立和分工的令人遗憾的后果。然而,这些弱连接的界面或缺口,很可能会形成一个人的经验并影响其如何展现自己。例如,迄今为止的研究很少关注人们等待的经历和影响(如出庭)。同样,研究很少关注不同专业学科(如法律和治疗)工作之间的交接;以及当事人从一种身份到另一种身份的隐喻性和文字的转换(如从警方嫌疑人到被告人,再到罪犯,Tata 2019)。我们需要制定一个研究议程,不仅要研究在正式决策点进行的显而易见的官方专业工作,还要研究不同专业工作之间的交接。在这些界面中,辅助人员(如囚犯押运人员、法庭牢房的安保人员、文员、接待人员等)的不太显眼的工作,对个人经验(如设定他们期望的议程)的重要性可能比以往更大。

如果量刑应该被理解为解释性的、过程性的和表演性的,那么这些互动应该是我们努力的核心。这对政策应该怎么做意味着什么呢?有了对当事人再生趋势的认识,政策是否有可能减少而不是鼓励刑事司法培养和再造当事人群体的趋势?

四、谦抑和恰当

以程序培养自己当事人的趋势,似乎令人沮丧,其政策含义在于必须倡行刑罚的谦抑:在惩罚和干预方面保持节制与谨慎。这意味着将尽可能多的案件从刑事司法中转移出去,而不是简单地将案件从法院转移出去,然后"提议"案件和解,掩盖了潜在的刑事影响。不可否认的是,包括刑事改造在内的惩罚有时可能会给那些受到惩罚的人带来积极的结果。也不应否认,刑事训诫、责任和丧失行为能力的规定是法定的刑事理由。然而,政策制定者应该谨慎使用刑罚福利主义作为"帮助"罪犯的方式。无论意图多么诱人和善良,惩罚(包括"有益的"康复)总是需要胁迫。讽刺的是,

> 往往是进步的决策者和实践者在不知不觉中推动了刑事管制的扩大,部分原因是未能形成监管转移和网络扩张之间的界限(McNeill 2019:141)。

这就要求我们认识到,社区监督不仅是福利主义的,而且不可避免地具有惩罚性。因此我们需要更严谨地思考,不仅要把监狱而且要把社区制裁纳入谦抑和比例的框架内(McNeill 2019:155-177)。

悲悯的专业人士善意干预的危险提醒我们(第四章),应该促使我们更加严谨地思考谦抑性和恰当性。特别是,只有对严重的犯罪(Morris 1974),才应该判处监禁(以及事实上所有的量刑,McNeill 2019),而不是因为侵入性较小的替代方案似乎资源不足。然而,这并不是让专业人士为他们面临的往往不可能的困境负责的问题,而是一个集体的社会责任问题。社会需要放弃适得其反的禁令,即监禁只能作为"最后的手段"。

(一)作为"最后的手段",将监狱嵌入为默认设置

几十年来,政策制定者和许多持改革思想的学者一直认为,减少对监禁的依赖的方法是提高"监狱替代品"的利用率并推广使用。虽然一些有先见的学者早就警告过"法网扩张"的危险性(Cohen 1985),但政策官员和刑罚改革者继续敦促更多地使用社区服刑,相

信这将是对监狱的直接"替代"。减少监禁的尝试往往倾向于将社区制裁的好处"兜售"给作为竞争激烈的刑罚市场中的隐喻性的消费者的司法判刑者。如果我们只能说服法官(和公众),让他们认为在相对较轻的案件中社区替代方案更好,那么我们将看到监禁的使用在减少(如 Canton 和 Dominey 2018; Home Offifice 1961; Mair 2016; Morgan 2003; Morgan 和 Haines 2007; Raynor 1990; Scottish Executive 2000; Tata 等人 2008; Taylor 等人 2014)。

该政策的主要目的是劝阻司法判刑人员在不太严重的案件中判处监禁,例如,要求监禁是"最后的手段"。人们普遍认为,采取最后手段的想法是进步的。然而,几十年来,这种策略的尝试几乎没有取得什么成功。社区制裁和监禁的使用都显著增加。可能是试图向司法"消费者"出售替代品会适得其反(Tata 2018)。现在出现了强有力的国际证据使我们怀疑,事实上社区刑罚可能不会逆转,但如果不符合谦抑和比例原则,则会助长监禁的使用(Abei 等人 2015; McNeill 2019; McNeill 和 Beyens 2013; Phelps 2013)。

寻求"出售"社区刑罚作为减少监禁(被认为是"最后的手段")的改革战略中四个悖谬,使得它不仅不起作用,而且适得其反。第一个讽刺是,社区刑罚往往取代了经济处罚,而不是监禁。第二个讽刺是,人们最终入狱并不是因为他们最初的罪行,而是因为他们被认为没有遵守社区秩序。为了赢得法院的信任而看起来更"稳健",存在一种危险:对违反(有时是相对技术性的)规定的容忍度会把人送入监狱。

第三个讽刺是,把监禁作为"最后的手段",其他量刑似乎都是作为刑罚文化中心的监狱的"替代"。确保监禁地点成为"最后的手段"听起来可能是进步的,但它只是巩固了把监禁作为默认条件。当似乎没有其他东西可用时,总是有监狱。与"替代"刑罚不同,监狱永远不需要证明自己,也不能在即时情况下显示其可用性。它不需要出售或营销。它是后盾,是默认的,这是一个文化上的中心思想,它总是现成的、可靠的、可用的,在熟悉中让人安心。当一个人没有选择的时候,就会有监狱。"最后的手段"的想法实际上将监狱视为自动选择的默认选项。所有其他选择都必须证明自己是"合适的",如果不能做到这一点,就永远有牢狱之灾。正如一位法官巧妙地说的那样:"真的,当我判处短期(监禁)徒刑时,我们已经想不出任何办法了!"(Scottish Government 2015:128)。

尽管承认这一点会令人不安,但是监狱继续被使用,并不是因为犯罪的严重性,而是因为似乎没有其他方式是可靠的。许多看似"生活混乱"的人最终入狱,并不是因为他们的罪行特别严重,也不是因为他们构成了任何严重伤害的风险。他们最终入狱,是因为似乎没有其他地方可以满足他们长期的身体健康、心理健康、成瘾、无家可归以及其他个人和社会的需求。他们所依赖的社区服务如此紧张时,监禁似乎是可靠、可信和资源充足的默认设置。尽管听起来骇人听闻,如同维多利亚时代一样,但实际上,当社区无法满足某人的需求时,监狱就成了福利国家的最后手段,即使他的罪行并不值得入狱。人们经常说,他们宁愿在监狱里,因为比在社区里更容易获得服务和住处,这是对我们优先考虑的事情的控诉。其结果是一种自我存续:资源被消耗在看似可信、有力和可靠的监禁方案上,而牺牲了社区方案,后者显得是那么的软弱、不可靠和解释不清(Hough 和 Park 2002)。

第四个讽刺在于英雄主义的专业者的比喻,正如第四章所解释的那样,他最终不得不承担集体问题这一不可承受的重担。将几乎所有案件的监禁作为"最后的手段"意味着,我们最终将监禁基本上作为慢性社会问题的后盾。那些犯了相对轻微的罪行,并且没有被认为对公众构成危险的人最终会被关进监狱,因为没有其他地方可以收留他们。这是一个应该改变的问题。然而,将集体问题委托给个人化的专业裁量权往往会阻碍集体变革的努力。责怪个别司法决策者(或其他专业人士)做出了真诚的判断,认为应对一个人的悲惨处境的唯一方法是使用羁押,因为社区提供的服务非常紧张,无法满足其需求,这是不公平的,也太容易了。在第五章中,我们看到集体问题是如何被专业刑事司法工作个性化的。从事量刑工作的专业人员(如法官、律师、缓刑监督官等)除了将案件个性化,并将其定性为本质上是自主个人主义的失败外,其他什么都做不了。在第四章中,我们还看到量刑专业人员被赋予了解决实际上是社会问题的不可能的重任。具有讽刺意味的是,英雄的、开明的专业人士的文化比喻,要求量刑专业人员(尤其是司法判刑人员)对集体问题造成的后果的案件"承担"责任。这意味着量刑专业人员要为他们无法解决的问题负责。实际上,集体问题被抛在了量刑专业者个人的门口,他们基本上无法实现积极的变革。

在个案基础上伸张正义的职业(尤其是司法)责任感如此之深,以至于他们几乎不可避免地会亲自接受任何对判决的批评。这可能意味着对集体问题的批判性思考被压制。第二章讨论了司法自由裁量权的概念,即对个人财产的主权支配。然而,当理想的行动因社会服务项目的缺乏而受阻时,我们可能会问,对主权司法自由裁量权的执着是否只不过是软弱的男性气概的象征。将专业自由裁量权比喻为对自己领土的主权统治,掩盖并分散了人们对潜在的集体问题的注意力,而这些问题是量刑专业人员不可能解决的。它让历届政府摆脱了解决长期(往往与贫困有关)社会问题的困境。相反,指责个别专业人士实际上利用监狱作为福利国家的最后一道防线实在是太方便了（也太懒惰了）。与其将集体问题推到量刑专业人员的门前，从而放弃对集体问题的责任，不如制定两项简单的公共原则。

（二）两项公共原则

为了避免把监狱作为避难、改良和改造的场所，特别是在公共支出限制社区司法和社区服役的时候，应该明确两项公共原则。这两项原则的作用是为政府在规划长期资源分配时提供一个明确的方向。

第一，只有在罪行严重的情况下，才应谨慎地、具体地使用监禁。目前，"最后的手段"论主张使用监禁并不是因为犯罪应受到处罚（罪有应得），而是因为似乎没有其他可能。如果我们不再因为人们的需要而把他们送进监狱，那么我们就需要改变这种想法。监禁必须始终以犯罪的严重性为理由。

第二，个人要求和社会需求应被明确排除在外，作为建议、暗示和判处监禁的理由，即使监狱制度似乎是人道的和康复的。这意味着惩罚所造成的痛苦必须限制在不超过犯罪严重性所要求的范围内，且不能以帮助个人满足其需求为理由。这并不妨碍对犯下严重罪行的人进行监狱改造工作，但它确实禁止为满足个人需求而将罪行轻微的人送进监狱，因为社区中似乎没有任何地方可以满足其需求。

相反，这两项原则结合在一起，将有助于澄清和指导长期的政策思考。设定实施这些原则的目标日期（如 10 年后）可以集中公共服务和政策领导者的注意力。这将要求我们从根本上把资源转移到社区，而不是为监狱提供资源，这样人们就不会因为缺乏足够的社区资源而最终被关进监狱。

第三节　结论和进一步问题

本书中，我没有按照自主个人主义的逻辑来设想量刑，而是提出量刑在三个方面是一个社会性过程。

第一，它是解释性的，孤立的"事物"在量刑工作的现实中不存在，也不可能静态地自主地存在。它的意义永远不能与其他任何"事物"分离。意义总是由与其他意义的关系构成的。第二，量刑是一个案件制定和议程设定的过程，而不是一个瞬间的决定。这意味着不仅是法官做判决工作，而且包括所有构建案件的人。第三，量刑是表演性的——除了表演之外，案件、事实与量刑没有其他本质区别。表演并不一定意味着虚假的表达，就好像有一些真正的个别本质有待发掘，而是鼓励我们思考在日常量刑实践中实现文化预期的角色和关系。

由此得出的结论是，我们需要从根本上重新思考研究和政策的议程。研究和政策将量刑描述为由自主的个别的属性组成的方式，导致了关于规则和自由裁量权对立的毫无结果的辩论。这在抽象上是有意义的，但不是日常实践的写照。相反，我们可以思考研究应该如何描绘日常工作的整体性和直观性，而不否认知识和解释的可能性。这些见解对量刑和量刑改革的方法具有重要意义。在认识到差距等现象不仅仅是自主个人主义的随机行为，而且对从业者是重要的并被其珍视。决策者需要认识到差异的效用，并找到方法为从业者提供案例控制的替代手段。

把量刑视为表演性的，能把我们从简单的工具性—象征性的二元对立中解放出来，这种二元化将"效率"的概念扭曲为只不过是案件办理的数量。相反，我们可以认真对待情感和象征性表达的重要性,将其作为效率的核心。事实上,个人决策或多或少地相互独立存在的想法导致了"复合效应",即犯罪者注定会失败,从而被进一步嵌入刑事司法系统。目前,将决策划分为所谓的独立的个人时刻,将政策和预算分拨给各个分离的部门,这远没有减少犯罪行为,也就意味着刑事司法和量刑在自我复制。尽管有这些制度,但人们倾向于脱离刑事司法却不是因为它们。政策方面的挑战是寻找重组激励措施的方法,鼓励专业人员使人们能够退出司法系统(如从根本上反思法律援助),而不是重蹈覆辙。

所有这些都意味着我们应该更加仔细地研究人们的经历。它要求我们重新评估将过程分解为自主的个人专业领域的影响,以及这如何倾向于再生"理想的"刑罚主体。现在,新的研究议程应该集中在明显独立的决策时刻的专业领域之间对接的弱连通性上,集中在引导人们从一个领域到另一个领域,并管理他们预期的辅助人员的工作上。

如果量刑倾向于复制和嵌入其犯罪者,那么现实中可以采取什么措施来最小化这些影响?我们应该将政策纳入谦抑和恰当原则,放弃把监狱作为"最后的手段"的想法,而是做出集体决定,不再把监狱作为福利国家的最后一道防线,只针对那些所犯罪行严重的人。

然而,主张谦抑和恰当以及放弃"最后的手段"本质上是对刑罚权力的限制。我们需要认识到,刑罚本质上是一种沟通性和象征性的表现(Garland 1990)。纯粹工具性的决策理念使得惩罚变得空洞,缺乏任何沟通意义。谴责和责任对于所有当事人以及广大公众相信量刑是有意义的至关重要。因此,我们不仅应该抵制让判决变得更加机械和冷漠的企图,而且还应该发展更重视交际行为的关系取向。

本章参考文献

Abbott, A. (1988). *The System of Professions*. Chicago: Chicago University Press.

Abei, M., Delgrande, N., & Marguet, Y. (2015). Have Community Sanctions and Measures Widened the Net of the European Criminal Justice Systems? *Punishment & Society*, 17(5), 575–597.

Ashworth, A. (2013). The Struggle for Supremacy in Sentencing. In A. Ashworth & J. Roberts (Eds.), *Sentencing Guidelines: Exploring the English Model* (pp.15–30). Oxford: Oxford University Press.

Bandes, S. (2015). Remorse and Criminal Justice. *Emotion Review*, 8(1), 14–19.

Baumgartner, M. (1992). The Myth of Discretion. In K. Hawkins (Ed.), *The Uses of Discretion* (pp.129–162). Oxford: Oxford University Press.

Boone, M., & Maguire, N. (Eds.). (2017). *The Enforcement of Offender Supervision in Europe*. London: Routledge.

Canton, R., & Dominey, J. (2018). *Probation*. Abingdon: Routledge.

Carlen, P. (1976). *Magistrates' Justice*. Oxford: Martin Robertson.

Casper, J. (1972). *American Criminal Justice: The Defendant's Perspective*. Englewood Cliffs: Prentice-Hall.

Cheng, K., Chui, W., Young, S., & Ong, R. (2018). Why Do Criminal Trials 'Crack'? An Investigation into Late Guilty Pleas in Hong Kong. *Asian Journal of Comparative Law*, 13(1), 1–25.

Cohen, S. (1985). *Visions of Social Control*. Cambridge: Polity Press.

Cover, R. (1986). Violence and the Word. *Yale Law Journal*, 95, 1601–1629.

Cowan, D., & Moorhead, R. (2007). Judgecraft. *Social & Legal Studies*, 16(3), 315–320.

Davies, M. (1999). Queer Property, Queer Persons: Self-Ownership and Beyond. *Social & Legal Studies*, 8(3), 327–352.

Davies, M. (2007). *Property: Meanings, Histories, Theories*. Abingdon: Routledge.

Eisenstein, J., & Jacob, H. (1977). *Felony Justice: An Organizational Analysis of Criminal Courts*. Boston: Little, Brown.

Feeley, M. (1982). Plea Bargaining and the Structure of the Criminal Courts. *Justice System Journal*, 7(3), 338–354.

Feeley, M. (1979). *The Process Is the Punishment: Handling Cases in a Lower Criminal Court*. New York: Russell Sage Foundation.

Flynn, A., & Freiberg, A. (2018). *Plea Negotiations: Pragmatic Justice in an Imperfect World*. London: Palgrave.

Foucault, M. (1977). *Discipline and Punish: The Birth of the Prison*. New York: Vintage Books.

Foucault, M. (1980). *Knowledge/Power*. New York: Vintage Books.

Garland, D. (1990). *Punishment and Modern Society*. Oxford: Clarendon Press.

Gibbs, P. (2016). *Justice Denied? The Experience of Unrepresented Defendants in the Criminal Courts*. London: Transform Justice.

Gormley, J., & Tata, C. (2019, in press). To Plead or Not to Plead? 'Guilty' Is the Question: Re-thinking Plea Decision-Making in Anglo-American Countries. In C. Spohn & P. Brennan (Eds.), *Sentencing Policies and Practices in the 21st Century*. New York: Taylor & Francis.

Hall, M. (2016). *The Lived Sentence: Rethinking Sentencing, Risk and Rehabilitation*. London: Palgrave Macmillan.

Heumann, M. (1975). A Note on Plea Bargaining and Case Pressure. *Law & Society Review*, 9(3), 515–528.

Heumann, M. (1978). *Plea Bargaining: The Experiences of Prosecutors, Judges, and Defense Attorneys*. Chicago: University of Chicago Press.

Hogarth, J. (1971). *Sentencing as a Human Process*. Toronto: University of Toronto Press.

Home Offifice. (1961). *Report of the Interdepartmental Committee on the Business of the Criminal Courts*. London: HMSO.

Hough, M., & Park, A. (2002). How Malleable Are Attitudes to Crime and Punishment? In V. Roberts & M. Hough (Eds.), *Changing Attitudes to Punishment* (pp.163–183). Cullompton: Willan Publishing.

Jacobson, J., Hunter, G., & Kirby, A. (2015). *Inside Crown Court*. Basingstoke: Palgrave.

Johnson, T. (1972). *Professions and Power*. London: Routledge. Kemp, V. (2008). *A Scoping Study Adopting a "Whole-Systems" Approach to the Processing of Cases in the Youth Courts*. Legal Services Research Centre, Legal Services Commission Research Findings. London: UK.

Lacey, N. (2018). Women, Crime and Character in the Twentieth Century. *Journal of the British Academy*, 6, 131–167.

Leibling, A. (2000). Prison Offificers, Policing and the Use of Discretion. *Theoretical Criminology*, 4(3), 333–357.

Lipsky, M. (2010). *Street Level Bureaucracy*. New York: Russell Sage Foundation.

Mair, G. (2016). What Is the Impact of Probation in Advising Sentencing and Promoting Community Sanctions and Measures? In F. McNeill, I. Durnescu, & R. Butter (Eds.), *Probation: 12 Essential Questions*. London: Springer.

Maruna, S. (2001). *Making Good*. Washington, DC: American Psychological Association.

Mather, L. M. (1979). *Plea Bargaining or Trial? The Process of Criminal-Case Disposition*. Lexington, MA: Lexington Books.

Matthews, B. (2016). Comparing Trends in Convictions and Non-Court Disposals in Scotland. *Scottish Justice Matters*, 4(1), 36–37.

McAra, L., & McVie, S. (2007). Youth Justice? The Impact of System Contact on Patterns of Desistance from Offending. *European Journal of Criminology*, 4(3), 315–345.

McAra, L., & McVie, S. (2010). Youth Crime and Justice: Key Messages from the Edinburgh Study of Youth Transitions and Crime. *Criminology & Criminal Justice*, 10(2), 179–209.

McBarnet, D., & Whelan, C. (1991). The Elusive Spirit of Law: Legal Formalism and the Struggle for Legal Control. *Modern Law Review*, 54(6), 848–873.

McCoy, C. (1983). *Politics and Plea Bargaining: Victims' Rights in*

California. Philadelphia: University of Pennsylvania Press.

McNeill, F. (2015). Desistance and Criminal Justice in Scotland. In H. Croall, G. Mooney, & M. Munro (Eds.), *Crime, Justice and Society in Scotland*. London: Routledge.

McNeill, F. (2019). *Pervasive Punishment: Making Sense of Mass Supervision*. Bingley: Emerald Publishing.

McNeill, F., & Beyens, K. (2013). Introduction: Studying Mass Supervision. In F. McNeill and K. Beyens (Eds.), *Offender Supervision in Europe*. Basingstoke: Palgrave Macmillan.

McNeill, F., & Weaver, B. (2010). *Changing Lives? Desistance Research and Offender Management* (SCCJR Project Report; No. 03/2010).

Morgan, R. (2003). Thinking About the Demand for Probation Services. *Probation Journal*, 50(1), 7-19.

Morgan, R., & Haines, K. (2007). Services Before Trial and Sentence. In L. Gelsthorpe & R. Morgan (Eds.), *Handbook of Probation* (pp. 182-209). Cullompton: Willan.

Morris, N. (1974). *The Future of Imprisonment*. Chicago: University of Chicago Press.

Nedelsky, J. (2011). *Law's Relations*. New York: Oxford University Press.

Phelps, M. (2013). The Paradox of Probation: Community Supervision in the Age of Mass Incarceration. *Law & Policy*, 35(1-2), 51-80.

Raynor, P. (1990). Book Review: *Social Inquiry Reports* by Bottoms and Stelman. *British Journal of Criminology*, 30, 109-111.

Roach Anleu, S., & Mack, K. (2017). *Performing Judicial Authority in the Lower Courts*. London: Palgrave.

Roberts, J., & von Hirsch, A. (2014). *Previous Convictions at Sentencing: Theoretical and Applied Perspectives*. Oxford: Bloomsbury Press.

Schinkel, M. (2014). *Being Imprisoned*. London: Palgrave.

Scottish Executive. (2000). *National Standards for Social Enquiry and Related Reports and Court Based Social Work Services*. Edinburgh: Social Work Services Group.

Scottish Government. (2015). *Evaluation of Community Payback Orders*.

Criminal Justice Social Work Reports and the Presumption Against Short Sentences.

Tait, D. (2002). Sentencing as Performance: Restoring Drama to the Courtroom. In C. Tata & N. Hutton (Eds.), *Sentencing & Society: International Perspectives*. Aldershot: Ashgate.

Tata, C. (2007). In the Interests of Clients or Commerce? Legal Aid, Supply, Demand, and 'Ethical Indeterminacy' in Criminal Defence Work. *Journal of Law & Society*, 34(4), 489–519.

Tata, C. (2018). Reducing Prison Sentencing Through Pre-Sentence Reports? Why the Quasi-Market Logic of 'Selling Alternatives to Custody' Fails. *Howard Journal of Crime & Justice*, 57(5), 472–494.

Tata, C. (2019). "Ritual Individualization" Creative Genius at Sentencing, Mitigation and Conviction. *Journal of Law & Society*, 46(1), 112–140.

Tata, C., Burns, N., Halliday, S., Hutton, N., & McNeill, F. (2008). Assisting and Advising the Sentencing Decision Process: The Pursuit of 'Quality' in Pre-sentence Reports. *British Journal of Criminology*, 48(6), 835–855.

Tata, C., & Hutton, N. (1998). What "Rules" in Sentencing? Consistency and Disparity in the Absence of "Rules". *International Journal of the Sociology of Law*, 26(3), 339–364.

Taylor, E., Clarke, R., & McArt, D. (2014). The Intensive Alternative to Custody: "Selling" Sentences and Satisfying Judicial Concerns. *Probation Journal*, 61(1), 44–59.

Tonry, M. (2016). *Sentencing Fragments: Penal Reform in America, 1975–2025*. New York: Oxford University Press.

Vogel, M. E. (2007). *Coercion to Compromise: Plea Bargaining, the Courts, and the Making of Political Authority*. New York: Oxford University Press.

Von Hirsch, A., Knapp, K., & Tonry, M. (1987). *The Sentencing Commission and Its Guidelines*. Boston: Northeastern University Press.

Weaver, B. (2016). *Offending and Desistance: The Importance of Social Relations*. London: Routledge.

Weaver, B., & Barry, M. (2014). Managing High Risk Offenders in the Community. *European Journal of Probation*, 6(3), 278-295.

Weigend, T. (2006). Why Have a Trial When You Can Have a Bargain? In A. Duff, L. Farmer, S. Marshall, & V. Tadros (Eds.), *The Trial on Trial: Volume 2 Judgment and Calling to Account* (pp. 207-222). Portland: Hart.

附录 1
辩诉交易世界中的悔罪和量刑

[摘要]悔罪的存在与否被认为是量刑决策的核心,这已得到普遍认可。大多数学者关注的是关于悔罪是否应该以及它如何影响量刑决策的规范性问题。最近,研究揭示了司法量刑官在试图评估悔罪表达的真实性时所面临的困难和风险。值得注意的是,本书提出了一个问题,尽管明显不合理,但法官和律师却似乎不得不关注被判刑者的态度。通过最近对量刑和认罪的研究,我们揭示了被告人、法官和律师对"零和博弈"的看法是如何渗透到法院的日常工作中,尤其是在辩诉交易的实践中。正是法院专业人员认为有义务去探求的做法,加剧了他们无法知道,也无法相信他们知道被告人的"真实"态度的问题。即使悔罪可能是真诚的,但其表达过程也会破坏其可信度。

第一节 抱歉,但悔罪有什么用?

在量刑决策过程中,悔罪有什么作用,如果有的话?悔罪的学术研究倾向于关注悔罪是否应该以及如何影响量刑决策的规范性问题。最近,研究揭示了司法量刑官寻求评估悔罪表达的真实性时所面临的困难和危险。然而不同的是,我们会问,为什么尽管其明显不理性,但法官和律师似乎被迫关注被判刑者的态度。

这里指出了专业人士在寻找悔罪迹象时所面临的一个中心悖论:被判刑者的态度,特别是其是否表现出悔罪的迹象(或看似类似的情绪),在量刑中起着关键作用。然而,法官和律师要想知道一个人是否真的很后悔,即使并非不可能,也是很困难的,尤其是在宣判之前。那么,为什么法官和律师似乎不得不关注对方的态度——特别是是否有任何接近悔罪情绪的迹象呢?

在注意到法官和律师似乎被迫关注被判刑者的态度(以及悔罪的迹象)时,我们试图避免将这种对悔罪的专业关注视为一种误解或非理性的学术诱惑。相反,我们提出了一种解释,这是刑事诉讼程序为迅速处理案件做出的系统性调适,尤其是通过辩诉交易及其(早期)认罪答辩的实践。

一、探求"真实的"悔罪

悔罪的概念在量刑中具有为时甚久和直观的吸引力:

> 悔罪的表达——如果信以为真的话——在更加非正式的环境中减轻了法律惩罚,减少了社会对违法者的不满。这是一种常见的观察,在法律和犯罪学以及社会心理学实验中都有充分的记录。

尽管学者们已经表明,从规范的角度来看为什么悔罪应该影响量刑只有一个有限的原则性基础,但这种直观的吸引力仍然存在。悔罪通常被认为与量刑的比例无关,因为其本身并不影响罪行的罪过或危害。悔罪的表现与其他量刑目标(如矫治)也只有微弱的规范性联系。因此,虽然在量刑时通常会考虑悔罪问题,但悔罪的价值很难用抽象的理性术语表达出来。

另一个复杂的问题是,尽管"悔恨"这个词很常见,但根据一个人的认识论优势,悔恨可以有不同的含义。事实上,尽管做出了值得称道的努力,但一个令人满意的狭义定义仍然难以找到。例如,Proeve 和 Tudor 指出:

> 唯一一项对所有四种情绪(内疚、羞耻、后悔和悔恨)进行比较的研究(Proeve 2001),没有显示出悔罪的独特特征。悔罪的原型特征也是后悔或内疚,在某些情况下还包括羞耻的典型特征……这些发现表明,内疚、羞耻、后悔和悔恨有一个共同的核心认知特征,即希望事情不是现在的样子。

这并不是说不可能有一个更详细的定义。例如,Bandes 将悔罪与内疚和羞耻区分开来(他认为悔恨是前瞻性的,而内疚和羞耻是回顾性的)。

然而,相比之下,法官和律师往往对悔罪的构成持宽容态度。例如,加拿大的研究发现(只有一个例外):"法官没有给出悔罪的定义,也没有具体说明悔罪的性质(如认知、情感等),尽管有些法官确实提到了悔罪的情绪。"

因此,这里并没有试图在悔罪与其情感或认知上"相近"的羞耻、内疚、悔悟、遗憾等之间做出任何精确的区分。相反,按照专业决策者谈论悔罪时所采用的宽容和"灵活"的方式,我们拒绝用抽象的理性术语来定义悔罪的"本质"。

我们感兴趣的是法院专业人员(法官、律师、缓刑监督官等)如何思考悔罪,无论对错——更具体地说,为什么这些专业人员寻求悔罪迹象,这在规范的学术调查层面上看起来是徒劳的,甚至是非理性的。

因此，我们询问法官和律师经常采用的关于悔罪的宽容观点——"当我看到它时就知道它"的方法。我们正在试图解释"为什么"，尽管有充分记录的问题表明"真正的"懊悔，但专业决策者仍然感到被迫寻找它的迹象。因此目前，我们并没有专注于在决策中是否以及如何使用悔罪的规范性分析。事实上，当代学者正在挖掘有价值的新知识，即量刑决策者认为的悔罪可能是不理性的，在加深社会不平等中传递未明确的和不受控制的影响。我们试图认真对待（如果不是字面上的话）专业决策者寻找悔罪（及其近邻）的方式中明显的不一致性和矛盾，以便问：为什么尽管悔罪的用途和效果不一致，但悔罪的迹象（和类似的感觉）对专业决策者如此重要？

二、专业人士对真正悔罪的寻求

即使在法律话语中流行的悔罪的广义概念中，也有一个关键的区别，即真实和不真实的悔罪表现，对自己行为不法性的真正悔恨和似乎利己的悔恨表示（如"我很后悔被抓住"）。当法律专业人士谈到悔恨的罪犯时，他们很快就会意识到需要识别"真正的"悔恨，而不是虚假的悔恨。然而众所周知，真正的悔恨很难确定，原因有几个：

目前，没有很好的证据表明，可以根据面部表情、肢体语言或其他非言语行为来评估悔罪。相反，有证据表明，法律决策者通过自己的文化和情感视角来评估悔罪，而通过行为举止来评估悔罪，在跨越种族和文化差异以及被告人是青少年、智力残疾者、精神病患者或其服用精神药物时，尤其成问题。

大家几乎都承认，真正悔罪的一个核心指标是认罪，或者至少不认罪表明缺乏悔意。然而，在这里，法院专业人员（法官、律师、缓刑监督官等）面临着一个悖论：一方面，认罪的被告人似乎是在违背自己的利益：通过认罪接受惩罚。然而，另一方面，法院专业人员也清楚地意识到，有罪答辩可能是出于个人利益的考虑，希望避免刑事诉讼，特别是来自审判或辩诉交易的"程序成本"（如关押、压力、不确定性）。事实上，辩诉交易作为认罪（或至少是前期的认罪答辩）的潜在诱因是如此的普遍，以至于在几个司法辖区（如英格兰和威尔士）存在一种司法授权的"减刑"，这被认为是法律上独立（策略性的）于悔罪的考虑因素：悔罪被视为一个可以减轻量刑的因素。

第二节　悔恨和权宜之计的悖论

　　法院专业人员（尤其是法官和律师）面临着两难的境地：怎么可能认为自己在执行正义的同时又"高效"呢？一方面，法官和律师负责维护核心法律原则，包括无罪推定和具有选择如何辩护的自由。法官和律师不能简单地推卸他们伸张正义的责任。这样做就是否定他们自身的合法性。作为专业人员，法官和律师的社会、道德和经济地位源于他们可以被信任在个别案件中主持正义的观念。因此，法官和律师必须

　　　　认为自己肩负着三重责任……第一，作为人类，意识到自己能够直接减轻他们每天面对着的人的明显痛苦；第二，作为专业人士，合乎道德和尽职尽责地为当事人和/或公众服务；第三，作为司法的实际守护人，相应地，法律专业人员必须认为自己实施的程序是公正的合法的，或者至少不是明显不公

正的不合法的。

然而，另一方面，作为法院专业人员，法官和律师都注意到一种相反的工具性义务：尽可能有效地处理案件。"效率"意味着不仅要尽快处理案件，而且要尽可能减少冲突，尽管宣称奉行对抗主义，并且要有符合商业利益又合乎道德的正当理由。大多数时候，律师（实际上还有法官）会尽量避免冲突。冲突（最明显的是有证据争议的审判）不仅要消耗经济资源，更重要的是会消耗一个人的专业认知、情感和社会资源。避免冲突有很多很好的理由，包括不确定性的压力和对案件的失控；处理案件的连锁反应；与其他专业人士发生冲突，可能导致未来融洽关系的消解或在其他专业人士眼中的声誉受损。然而，通过一种程序（尤其是在初级法院和中级法院）大量进行认罪答辩，在法院专业人员看来可能是敷衍了事。这种紧张增加了一种令人不安的可能性，即一个人可能正在参与一种给被告人施加不当压力迫使他们认罪的程序，正如我的研究表明的那样，法官和律师对这种可能性非常敏感，并急于否认。

那么，法律专业者，特别是法官和律师，如何处理他们认识到的过程未能达到自己所强烈拥护的标准之间的差距？大体上，对这个问题的学术研究将其解释定位在个人层面。法律规则的"应然"与日常实践的"实然"之间的明显矛盾，据说可以通过个人内心的对话来解释。主要的学术描述是，法官和律师作为独立的专业者个人，以各种方式"否认责任"，告诉自己案件太小不需要充分保护，或者刑事后果将相当无关紧要；对被告人采取有罪和藐视法庭的推定。

学术界或多或少一直在批评法官和律师显然未能履行职责。这往往被视为专业者个人的失败。这种批评受到普遍存在的"英雄个人主义"文化比喻的推动,谴责法官和律师未能履行其对当事人、公众和正义的职责。这被描述为意志、勤奋、公正、社会意识、职业伦理和道德操守等各种各样的失败。据称,法院专业人员的工作:不诚信;自私或懒惰;处于无知或微妙的偏见之下;或至少要练习一些微妙的内心的自我欺骗。换言之,刑事司法的"应然"与"实然"之间的矛盾可以通过个人内心的对话来调和。

在不否认个人内部对话的重要性的前提下,我们认为,实行协作使专业人员能够以一种对他们来说不一定与珍视的法律原则(如无罪推定和自愿选择如何答辩)相抵触的方式来迅速处理案件。要认为惩罚是合法的,法官和律师所组成的程序必须通过实行协作的可见结果向他们自己证明这是公平的。我们认为,法官和律师作为自觉负责正义的专业人员,需要将他们的工作视为远不只是暴力——而应视为道义上应得的和合法的惩罚。如果量刑要不被视为施以不正当的暴力,就必须被证明是合法的、正当的和应得的。正义不仅要实现,更重要的是要以法院专业人员看得见的方式实现。

缺乏合法性的量刑与赤裸裸的胁迫无异——纯粹的暴力和暴行。要让法院专业人员相信他们所做的是公正的(或者至少不是明显的不公正、暴力),把自己的工作视为正当的。特别是法官和律师,不能把他们负责的法庭程序视为赤裸裸的强制,即使正如我们将看到的,一些被告人的经历可能就是那样的。归根结底,量刑是施加胁迫和控制,这往往是伤害性的,即使这种胁迫和控制(如康复理论中的)是为了帮助他人而施加的。被告人对法院实施的惩罚的合法性不认可,这种胁迫、控制和伤害将被视为赤裸裸的暴力。

那么,法庭上的暴力行为如何向法院专业人员证明不止这些呢？对他们来说，这是一种应得的合法惩罚吗？当然，在我的研究中，法院专业人员引用了几个常见的比喻，包括：辩诉交易的必然性；有罪的可能性；与现实相对立的抽象哲学原则；公共利益；既定惯例；被告人（被动地）接受他们不可避免的命运；等等。我们认为，比自我辩解的内部对话更有说服力的是遭受暴力判决的那个人的表现，实际上其自愿接受这种痛苦作为合理的惩罚。真诚的悔罪是"法院不仅有权利惩罚，而且是正当惩罚的最好范例"。

真诚的悔罪表现比理智辩论更有力、更直接、更感人。法官和律师回忆起他们目睹了真诚悔罪的显著事例，称这是一种生动的感官体验，他们不仅看到和听到，而且感觉到、品尝到和嗅到了悔罪。悔罪（和近似的感觉）的恰当表达，表现为真诚的和自愿的，表明了被认为最有可能反驳的人对过程公平性的确认。

事实上，从一系列日常行为中可以看出，法院共同体在寻找被处罚人接受处罚的迹象。即使（也许特别是）做出责难性量刑，法院专业人员也对被告人在判决之前、其间和之后的反应感兴趣。例如，从法官到律师，从书记员到招待员，所有法院工作人员（和公众）都会在宣判时以及随后离开法庭时观察被告人，检查其是否有反抗或接受的迹象。法官们往往会自豪地回忆起他们判刑的人是如何承认他们是公正的。没有什么比最不可能这样做的人接受其合法性的明显的和自发的迹象能更有力地证实法院专业人员量刑的公平性。这是理解为什么所有参与量刑工作的人都会寻求并如此珍视真正悔罪迹象的关键。

仅仅被判刑者内心感到懊悔是不够的。他们必须将其表达出来。被告人必须向法庭表示悔恨，以便法庭能够感受到。通过直接和自愿地在法庭现场的观众面前展示，此人真正的悔恨证明了这一过程是合法的，远比任何专业自我辩护的内部过程都更有力。

换言之，公正的规范标准与现实的敷衍过程之间的矛盾由被告人来解决，被告人充分、自由、真诚和自发地接受罪责——以理想的形式表达出何为"真正的悔罪"。

这种悔罪的表现是如何产生的，为什么法院专业人员对其真实性感到如此矛盾？我们认为，人们相信悔罪（以及悔恨、忏悔、认同等）的真实性的能力正被那些旨在迅速得到认罪的做法所削弱。

给坚持否认有罪的被告人增加"程序成本"的各种方法，从而"鼓励"其尽快认罪。讽刺的是，正因为他们也知道被告人是在笼罩于他们的法庭刑罚的阴影下做出这一决定的，法院专业人员只能无奈地接受他们所寻求的悔罪的真实性中潜在的不确定性。我们将通过借鉴苏格兰最近对辩诉谈判/交易和量刑过程的研究来检验这些动态。该研究观察了两个相邻中级法院的 43 件非陪审团（简易）审理的案件，并就认罪与量刑之间的关系采访了 17 名量刑法官、辩护律师、检察官以及 12 名被告人。

一、合法性和辩诉交易的问题

苏格兰的研究发现，法官和律师为鼓励认罪（或至少是更早地认罪）的政策和做法的辩护依据是基于务实而非原则性的理由。这一发现被先前的研究证实。通常，专业人员的逻辑如下：原则上，证据有争议的审判是最好的，但如果每个案件都进行审判，就会给系统带来不可承受的负担，因此鼓励认罪是必要的权宜之计。所以，专业人士往往对辩诉谈判/交易缺乏原则性的或道德上的热情。相反，它被描述为正义的理想与不完美世界令人失望的现实之间不可避免的真实妥协。此外，寻求认罪的做法不仅被视为诱使无辜者认罪，而且还向可能有罪的人提供"奖励"。

辩诉谈判/交易还价以各种形式体现了这一问题。无论是以指控谈判/交易的形式，还是认罪"折扣"的形式，辩诉谈判/交易都是关于交换、交易或买卖的概念。特别是，它是通过认罪来出卖审判的权利，以换取一些（真实的或以为的）利益。所有的法官和律师都急于为自己的个人行为辩解，即使这偶尔意味着否定他人的行为。对一些人来说，"量刑折扣"只是"审判税"的委婉说法，即"交易"的"解决"。有些人对"辩诉交易"这样的术语感到反感，因为它暗含粗俗的意味：肮脏、"卑鄙"或"下流"的交易。例如，一名经验丰富的法官评论道："这没有什么高尚之处。这只是我们与罪犯达成的一个卑鄙的小协议……这只是一种不符合道德标准的立场。"然而，大多数法官都非常希望对这个过程"给予更积极的关注"，并且用"讨价还价"或"交易"这些词意味着它有点卑鄙，或者它不是一个公平的过程或公平的结果。毕竟，法官要对公平负责。同样，在这个研究中，苏格兰司法部门的一些成员对"辩诉交易"和"量刑折扣"这样的术语感到不舒服，他们更喜欢礼貌地谈论"辩诉谈判""量刑调整"等。无论正确的命名是什么，专业人员为其个人行为辩护的强度，凸显出他们如何将辩诉交易/谈判视为对选择自由这一宝贵理念的威胁，从而破坏作为公平程序守护者的专业自我形象。例如，关于鼓励认罪的方式，一名法官指出：

> 有很多哲学问题，我并不比其他人更有资格回答……我很欢迎反对意见，但你现在不常听到……也许这是一个哲学争论，而不是一个现实问题。
>
> 过去，人们对这类勒索事件争论不休。关于恳求获得折扣而不是赌一把的危险，换句话说，被判处更重的刑罚，以及这是否违反了基本道德原则。

>那不是我能回答的,但正如你所知,(过去)这是一场活跃的学术讨论,我没有答案。
>
>[访谈,法官1]

同样,辩护律师将诱导认罪的做法比作商店为促成销售而使用的不良手法,而一名法官则抱怨他们"不是在卖糖果"。此外,一名辩护律师在总结司法程序的现状时指出:

>检察官的工作是使用他们能用的伎俩,而我们的工作是对抗这些伎俩。
>
>[访谈,辩护律师6]

正如我们将看到的,"诡计"和"游戏策略"的隐喻对于专业人士如何理解辩诉交易/谈判的过程至关重要。吊诡的是,认为游戏策略贯穿于整个过程的这种观点削弱了专业人士区分真诚的和"调制"的悔罪的能力。

二、悔罪和辩诉交易的游戏策略

一方面,悔罪的表现(以及近似的羞耻、内疚、悔恨、后悔等感觉)是大多数刑事案件的预期结果。然而,通过辩诉交易(以及其他系统驱动因素,如关押候审)寻求认罪,阻碍了法院专业人员区分真实悔罪和真正悔罪的能力。对抗式审判模式在很大程度上与真正表现悔罪的表象不相容。这样的表达要求他们的受众看到他们是出于非战略原因——例如,在无法获得外部收益的情况下。

"这是一场纸牌游戏!但他们在玩弄的是人们的自由。这就是他们忘记的!"另一名被告人将这一过程描述为"敢于获胜的人"——将其等同于一场机会游戏。法律专业人士也借鉴了游戏技巧的主题,尽管用了更微妙的术语(如"战术"等)。因此,我们建议使用"零和博弈"这一术语,将认罪决策和判刑的思维方式表示为类似于玩一场"游戏",在这场游戏中,各方都希望通过游戏规则内的任何战术和诡计为自己赢得优势。

游戏精神优先考虑工具性计算、冒险,有时还包括赌博,以达到自利的目的。零和假设是任何人要赢得比赛,就必须有输家。如果一方获得了优势,那另一方必然会相应地处于劣势。这样,游戏技巧的伪装和花招与专业人士在真正的、诚实的悔罪表达中所寻求的全心全意的诚意形成了对比。

这种游戏策略的心态被认为在三个方面阻碍了真正的悔罪的表达:

第一,在对辩诉交易的预期中,辩护方采取强硬、无情的立场,以期获得让步,甚至让案件随后瓦解,这在战略上是合理的。

第二,悔罪的表达可以被认为削弱了辩护方讨价还价的能力。相反,在进行辩诉交易时,人们最好采取不同的姿态——强硬的谈判者的姿态,或者(回忆一下纸牌游戏的比喻)把牌都揽在胸前,秘而不宣。例如,法院专业人员观察到,检察官通常列出的指控比他们在审判中实际预期的要多(或更严重)。事实上,检察官指出,"提出指控诸如此类的事情"是这一过程的固有部分,出于各种原因,起点很高。这种"过度指控"的一个关键效果是在解决案件的社会过程中具有战术优势:指控可以成为与辩方交易以换取全面认罪的有用筹码。

这项研究也让专业人士不安,辩护律师和检察官有时在有两名或两名以上共同被告人的案件中进行辩诉交易。例如:

特别是如果有两三项指控,或者有两三名被告人。涉案律师会(对当事人)说:"看,这里有一些事情可以做。"而且,很多时候,根据指控的性质,你会发现……嗯,他们经常指控丈夫和妻子吸毒之类的。如果他们都在房子里,那两人都会被指控。通常是丈夫,会认罪,为了撤销对妻子的指控。

我认为这是他们(检方)使用的一种策略。他们只是指控房子里的任何人,以期有人认罪(指控),然后放弃(对其他人的指控)。

[访谈,辩护律师5]

第三,检察官指出,如果控方认为被告人的伴侣在犯罪中起到了次要作用,则可以使用过度指控的策略。例如,一名检察官指出,这可能发生在男性伴侣和女性伴侣正在种植毒品,女性伴侣"可能给植物浇水或其他什么"[检察官1访谈]。在其他多被告案件中,检察官可以接受对一名被告人的定罪:

通常,如果你有两个或三个被告人,他们会把被告人放出来。然后,我看到他们走到走廊里,三个人会扔硬币,看谁会认罪……或者他们看看(以前)犯罪记录,"他比我少,所以他应该认罪"。

[访谈,辩护律师5]

可以认为被告人因认罪而获得减刑("折扣")。然而,支持这一论点的理由比人们普遍认为的更为有限,尤其是与通过无罪判决或检方撤回其案件而不被定罪的可能性相比。此外,判决"折扣"通常只是一种口头上的折扣,而不是经验上可证实的折扣。因为在没有认罪答辩的定罪之后的反事实量刑通常无法作出证明。换言之,司法判决者可以选择(如在寻求达成他们认为实质上公正的量刑时)扩大起刑点,以否定随后可能适用的任何"折扣"的效果。然而,认罪为被告人做的是系统性地减少与国家对其提起刑事诉讼相关的"程序成本"。

这三种做法表明,辩诉交易产生了自生游戏策略的驱动力,从而削弱了法院专业人员相信所表达的悔罪是真实的能力。

第三节 在辩诉交易的世界寻找悔罪

我们认为,"寻找悔罪的迹象"(以及类似的心态)的职业愿望,是将被告人视为确证量刑程序合法性的专业需要的不可缺少的一部分。虽然就明确的法理原则而言,很难证明其合理性,但专业人士寻求悔罪是可以理解的,因为这是更广泛的追求的一部分,目的是看到并展现被告人自愿、真诚地接受罪责,从而向法院确认法庭刑罚的合法性。悔恨是一个人自由和自发地认为自己是应受惩罚的。它的缺席被解读为藐视法院权威,相反,悔罪是值得称赞的,因为它以形象和感觉的方式证明了诉讼程序与负责程序者的公正性。

到目前为止,我们已经解释了被判刑者是如何表现出悔罪的。然而,任何表现都是不够的:必须恰当地表达悔罪。它必须是以法院认为的合适的方式进行表演。换言之,要向法庭表演悔罪,必须以观众认为可信的方式进行。虽然我们用的是"表演"这个术语,但需要注意的是,这并不意味着所有的表演都是假的。在日常生活的微观互动中,我们在很大程度上扮演着文化期望的角色。没有这种表演,社会关系就不可能存在。这种表演本身在道德上既不好也不坏。它只是社会性的基础。

然而,这种表演从来不会缺乏权力关系。在法庭上,表演是在国家权力的掌控下进行的。悔罪的表达是在法庭刑罚的阴影下展示的,尤其是法庭的量刑权。这种尖锐而明确的权力差异意味着,法院不可能确切地知道此人的悔罪表达是否真实。因此,以下各个难以摆脱的问题成了负责刑罚的专业人士的核心问题:被告人是后悔还是只是后悔被抓住了?其悔罪是预演好的、预谋的还是自发的、真心的?其接受法院做出惩罚的权威,还是仅仅为了减刑?其是全心全意地理解自己所做的错事,还是说只是因为想从关押候审的痛苦中解脱出来?其认罪是真诚的吗,还是想钻制度的空子?这些问题对法院来说,是表明当事人接受其权威的核心。然而,同时,这种寻求有罪答辩和顺从姿态的做法,客观地说,他们的答案最终是不可知的。

Rossmanith 的研究表明,一些法官可能认为,他们可以通过身体姿势、声音等感受到真正的悔罪,但最终法官们往往也承认永远不能绝对肯定。正如 Weisman 观察到的,"自责的表达总是有可能策略性强于真实性,是蓄谋的、不可告人的而非自发的"。出于被告人头上悬而未决的阴影程度,最终确定"真正的"悔罪几乎是不可能的。在不同程度上,法院专业人员很难忽视法院的权力本身必然会产生不真实的悔罪表达。

法院专业人员希望被告人至少表现出采取适当姿态的意愿。这些表演的可信度各不相同。即使是表面上看起来很肤浅但有点诚恳的表示接受(或至少不是明显的不诚恳),也是在预料之中的,如果不愿意,则应由辩护律师请求。一名法官解释了这一期待：

> 悔罪应该（永远）要有的。如果有人认罪，但说："我认罪了，（用洪亮的声音）但我一刻也不后悔！"这不是认罪的现实表现。所以，大多数（辩护律师）会说，（用一种陈腐的淡漠的语气）"哦，我的当事人感到很抱歉"，或者"他后悔了"。

从这个意义上说，法院专业人员发现了我们这里所说的"薄"和"厚"的悔罪表现。那些表演被认为是"稀薄"的人可能除了暗示悔罪之外没有做什么，或者他们声称的真正的悔罪会受到怀疑。那些表演被认为是"深刻"的，对法庭来说比较有说服力，具有专业人士感知和感受到的自发性、身体姿势和内心情感流露的特征。虽然在初级法院的大部分时间里，表演似乎都是"稀薄"的，但法官和其他人回忆说，他们曾被"精彩"的悔罪表现感动。

一、被告的矛盾心理

在调查的大多数案件中，被告人的认罪被认为是"微弱的"悔罪表现。最值得注意的是，在减轻罪责的答辩中，罪犯的律师通常会辩称悔罪是认罪的动机。即使法官们可能不完全相信这一点，但认为认罪答辩可以说是出于悔罪。考虑到上述一个人可能认罪的多种原因，法官如何才能确定悔罪在认罪答辩中所起的作用（如果有的话）？

身体举止是被判刑者表示（理想情况下）"强烈"悔罪的一种关键方式。

> 身体姿势传达的不仅仅是一种身体状态。它结合了法官

对被告人及其行为的描述,这些描述表明了仅仅通过(例如)被告人在椅子上的姿势来表达严肃或不尊重的具体方式。

没有什么比没有表现出适当的身体姿势更令人恼火的了。Van Oorschot 等人注意到,被告人在法庭上没有表现出积极的参与感是如何被视为对立的。例如,如果他只是坐在那里,显得漠不关心,无精打采,没有表现出对法庭的尊重,也不关心结果,法官往往会完全不为所动。这可能不会妨碍案件处理的直接的实际要求,但被认为是否定了法院的有效性。即使是被认为微不足道的悔罪行为也能使法院迅速合法地处理案件。

然而,在这项研究中发现的一个问题是被告人往往是模棱两可的。他们往往既不彻底同意,也不完全否认国家的指控和事实。即使在所列事实基本正确的案件中,也可能存在分歧,被告人认为控方的陈述扭曲了事实。实际上,有几名被告人抱怨说,检察官从不公平的负面角度描述他们,有些人在对抗性程序中遇到困难,甚至觉得控方以贬低他们为乐。

例如,Sam 被指控侵犯人身罪。律师强烈建议他认罪。然而,他(有点不同寻常)拒绝了律师的严厉建议。虽然 Sam 承认他打了对方,但他认为这是正当的,是出于自卫。Sam 对自卫的理解是一种非专业的观念,是另一方挑起了斗殴。Sam 的律师指出,法律问题是一个相称性问题:当对方倒在地上时,Sam 踢得太过分了。因此,在 Sam 的案件中,指控的事实并没有"错"(Sam 确实打了对方),但 Sam 觉得这个案子比法律指控显示的要复杂得多。因此,Sam 想要做无罪答辩,并将自卫作为其辩护的准法律依据。相比之下,律师强烈倾向于 Sam 认罪,并提出更完整的故事以减轻罪责——这样可以避免破坏认罪答辩,但寻求减少 Sam

随后的量刑。

在像 Sam 这样的情况下,被告人/罪犯并不一定总是没有表现出悔过之类的退缩情绪。相反,被告人可能会同意他们做得太过分了,但他们的过错在某种程度上被抵消了:例如,察觉到另一方的不法行为或介入的因素。研究发现,与悔罪相关的两种强烈情绪(使被告人倾向于认罪)与相互矛盾的情绪混合在一起,这些情绪甚至不愿表现出哪怕是"微弱的"悔罪——即使后者可能会被视为将责任最小化或"否认"之。

当当事人"纠结"时,辩护律师和法官表达了某种程度的沮丧,在他们看来,当事人没有完全接受认罪答辩的条款。辩护律师在处理正式认罪陈述与当事人陈述之间的潜在不一致时保持警惕,尤其是在与一名量刑前报告撰写人的面谈时,他随后的报告将呈上法庭。例如,一旦正式有罪抗辩成立,人们认为至关重要的是,不应向法院提交任何似乎与正式答辩相矛盾的陈述(美国术语为"申辩")(例如通过量刑前报告)。正如一名辩护律师指出的那样,这种矛盾不仅令人尴尬,也是一种职业性痛苦:

> 这也让你陷入了尴尬的境地,因为你已经提出了认罪的请求,接受了指示,并且做了有罪答辩。然后假设你收到了一份与你请求的条款非常矛盾的报告,你必须向你的当事人澄清这是否是他的真正立场,或者这是他在请求时告诉你的。
>
> 如果是的话,在稍后的阶段,"不,这是我报告中的内容"。然后我不得不退出表演。
>
> [辩护律师访谈 1]

正是因为认罪作为懊悔的一个薄弱指标的脆弱性,对策划和管理懊悔表现(以及类似的感觉)的要求才如此之高。如果不能保持这样的表现,法官会感到尴尬,因此被视为负责管理当事人的辩护律师也会感到尴尬。事实上,纵向研究表明,量刑前报告的撰写者倾向于(有时是故意的,有时是无意的)抹平被告人对事件描述中不一致的部分,以便法庭能将其解读为与其认罪的内容一致。我认为,英美国家已经发展出一种授权的方法,用于"清理案件",以消除当事人的正式陈述(认罪陈述)和他们对自己罪行的非正式陈述之间可能存在的不一致的"污点"。越来越多地,特别是在地位较高的法院,解释被告人立场的工作会委托给地位较低的第三方来完成。这种被委托的"脏活累活"消除了当事人陈述中的含糊不清,呈现出一个"干净"的版本,在这个版本中,被告人或多或少接受了法院即将判处的刑罚行为的合法性。

二、策划悔罪的表演?

尽管被告人存在矛盾心理,但司法制度还是要求被告人正式接受概念化事实的某些类别和方式。名义上对抗主义制度推动被告人有罪答辩,被告人至少要表现出"些许的"悔过之情,这样做是为了确认整个过程的合法性。但法院专业人员如何"策划"被告人的这些表演呢?

法院专业人员倾向于以合议的方式"策划"悔罪行为。例如,从形式上讲,辩护方式的选择取决于被告人:辩护律师主要接受"指示",并"为了当事人的最大利益"行事。然而在实践中,法院专业人员有一种自我实现的期待,即被告人应至少表现出悔恨的近似程度。这种期待如此强大,以至于它可能成为(理论上)对抗主义程序中的主要特征。正如一名法官所指出的:

（辩护律师）的首要职责是对法庭（而不是当事人）负责。这就是所有的……如果当事人牵着辩护律师的鼻子走，那就错了。

［访谈，法官6］

在公开法庭上表达忏悔是一种职业的社会性需求。法院专业人员感到必须以不同程度和不同方式满足这种需求，这种需求始终存在。在这项研究中，如果被告人没有表现出提供最低限度的悔恨（如在定罪后坚称在法律或道德上无罪），则可以利用法院的压力使被告人意识到采取适当立场（如果不是早认罪，就是晚认罪，否则至少在定罪时有轻微的悔恨表现）的必要。

虽然所有的法院专业人员都在"策划"悔罪表现中发挥着作用，但辩护律师清楚他们的角色是多么的关键。辩护律师让被告人知道，如果他们坚称自己无罪，并在审判中被判有罪，那就可能会产生不利后果。例如研究发现，被告人（在法庭外发言）通常将认罪归因于某种义务或压力，而不是悔恨。

所以，我只好认罪，否则我会得到更重的量刑。

［访谈，被告人4］

被告人没表现出正确态度的最常见方式是认罪"太晚"。事实上，法官指责被告人浪费时间而不（更早）认罪，这并不罕见。例如，一名辩护律师注意到，一名被告人在辩护律师、检察官或法官认为合适的时间之后认罪：

（法官）勃然大怒，因一名被告人没有在先前的阶段认罪——

> "你明知道自己有罪；你走得太远了！证人都被传唤了！"
> 　　　　［访谈，辩护律师3］

矫正服务部门（缓刑、刑事司法社会工作、监狱康复计划项目等）可能会认为其"没有洞察力"，宣称社区服刑几乎没有什么"效果"可言。更糟糕的是，被告人可能被法官视为"冷酷无情"之人——一个超出社会正常道德范围的人，会招致严苛的定罪。此外，如果一个人被指控犯有非常严重的罪行，辩护律师可能会请他考虑，如果被定罪，他们的答辩对其获得监狱改造方案的前景会产生什么影响，这对随后获得假释至关重要。

因此，对悔罪行为的期待，有助于促使那些希望满足法庭的社会期待，或在定罪后尽量减少刑罚的人认罪。通过向被告人预示这种困境，法院专业人员倾向于让被告人得出这样的结论：认罪是唯一安全的行动方案。

三、对合法性讨价还价？

要想使悔罪（或近似的心态）产生任何影响，它必须至少有一点可信度，还要尊重法庭。仅仅是正式承认有罪而拒绝解释自己的行为，这是不够的，甚至可能被视为蔑视法院的权威。正如Foucault所指出的，某种形式的解释向法院表明，这个人承认法院对他做出的判决是合法的：

> 法官们越来越需要相信，他们是在根据一个人的本来面目来评判他……当一个人来到法官面前，除了他的罪行什么都没有，当他除了"这就是我所做的"之外没有其他可说的，当他无话可说的时候，当他不愿意向法庭吐露自己人生的秘密

时,司法机器就会停止运转。

为了使法院相信自己判处刑罚的合法性,它反过来要求并依赖被告人向法院表明他相信法院以合法性来判决和惩罚他。法庭"策划"被告人表达悔罪(其陈述),以验证其合法性的要求。Duff解释了法院合法性的相互关系基础:

> 但我们也必须问,被告人为什么以及应该对谁负责。因为责任是一种双向关系:A 被 B 要求负责,B 声称因此有权要求 A 承担责任……
>
> 在提要求的 B 和被要求的 A 之间一定有某种关系,使 B 有权或有资格要求 A:某种关系使指控犯罪的 A 是 B 的职责,并使 B 有资格提出这个要求……
>
> 为了证明 A 被合法地要求承担责任,我们必须证明,不仅因为 A 要为某些事负责,而且那些传唤 A 的人有资格这样做。

法官们还以微妙的方式促进懊悔的表现。例如,法官可以通过他们的行为强化某些期望和做法。因此,当法官(正如辩护律师所说)对一项迟来的认罪"发火"时,这种表现可以巩固要求被告人表现出适当的(即至少适当地表现出微弱的)悔恨。同样,当法官传达法庭对诉讼应该如何进行的意见时(例如,辩护律师应该"引导"他们的当事人同意"没有争议的证据"等),这也支持了认罪和表现悔恨的规范。事实上,这些司法表演似乎是成功的,因为人们普遍认为,法官不喜欢"浪费时间的人"或"投机者""钻空子的人"。

被告人出于对"技巧"和"战术"的理解,他可能不会认为法院的运作比日常生活中接触的其他国家机构更不合法。让我们以 Alex 为例。检方指控 Alex 涉嫌在醉酒时犯罪。Alex 声称他不记得这起事件。然而,在采访中,Alex 注意到可能发生了一些事件,他想向受害者道歉(如果他再次见到受害者并认出他的话)。

然而,Alex 感到无法对自己的悔恨采取行动(真诚道歉),因为法院的做法常常与诱导有罪答辩有关:

> 我可能(犯了罪)。我不记得了。如果他们不添枝加叶,听起来也合情合理的话,我会举手(即认罪)并向那家伙道歉。事实上,如果我再见到他,我会道歉的,尽管我认不出他……
>
> 但(指控罪行的表述)这并不是我说话的方式——不管是不是喝醉了。

讽刺的是,Alex 认为辩诉交易的做法是一种游戏策略,阻碍了真正悔罪的表达。对他来说,这种悔恨的真正表达只能发生在法庭和比赛之外。接受采访的其他几名被告人也表示了一定程度的悔恨,但认为自己无法就此采取行动。所有这些都产生了一个悖论:在一个辩诉交易和耍花招的世界里,寻求悔罪表现的手段本身,就会使这些表现在专业人士和被告人眼中失去可信性。

第四节 结 论

众所周知,姑且不论好坏,悔罪(以及更普遍的被告人态度)在量刑中起着核心作用。许多量刑和悔罪文献都专注于规范性问题,特别是揭示了决策者无法识别表达的悔罪是真诚的还是不真实的。尽管无能为力,但专业人士似乎还是被迫寻找真正悔罪的迹象。我并不认为这一专业的搜索或多或少是徒劳的和非理性的,而是试图挖掘这种寻找"真正"悔罪迹象的原因。

法律专业团体陷入了他们自己造成的两难境地。对迅速处理案件的要求及其诱导和威胁,意味着不可能确切知道一个人的认罪是否真诚和自愿,或者认罪是否是由感知到的激励和威胁诱导的。

因此,被告人的认罪态度至关重要,这不仅因为它是一种确定被告人的姿态是否表示接受法院及其程序的合法性,或者是否表示明确(或更常见)的隐性抵制的方式。通过非言语和言语交流,被告人可能会表现出各种不同的立场,而这些立场没有向法院表明,他们全心全意地接受法庭对他们施加刑罚(判决)的合法性。这些有问题的立场包括消极的、不真诚的、推脱罪责、轻描淡写或含糊其词的罪责描述。所有这些立场都可能被法庭视为对即将采取的压力的合法性的质疑。这个潜在问题破坏了专业人士对法庭程序公正性的信念,尤其是无罪推定和自由、公平地参与,包括如何答辩的自由选择。在某种程度上,被告人感到被迫认罪答辩的想法不能简单地被忽视或不予考虑。对于法院专业人员(特别是法官)来说,那样做就否定了公平程序的吸引力,也否定了他们社会/职业/地位的基础。

悔罪的表现是在法庭刑罚的阴影下产生的。这意味着法院专业人员必须寻求"真正的"悔罪(以及与其相邻的羞耻、后悔、内疚等)的迹象,以便向自己表明他们将要施加的压力是合法和应该的。审判界的一项任务是自我安慰和自我确认法院的强制是正当的。然而,讽刺的是,法院本身的做法(例如,判决前的极端权力差异、诉讼费用的威胁、刑罚的费用和减轻处罚的承诺等)强化了这种追求的必要性。辩诉交易实践的游戏策略强化了这一需求,在所有人看来,这似乎是奖励和鼓励制定策略和进行交易,而不是自发和直接的沟通。既然把程序设置成一个策略性和交易性的问题,那法官和律师认为被告人的姿态往往是不真诚的,也就不足为奇了。

附录 2
通过量刑前调查报告来减少监禁刑?
——为什么"出售监禁替代方案"的准市场逻辑会失败?

[摘要] 历任刑法改革者和政府的一个中心目标一直是在相对较轻的案件中减少监禁刑的使用。在他们的各种手段中,量刑前调查报告(以下简称"刑前报告")一直是促进非监禁刑的关键工具。然而,在实行了几十年后,监禁刑罚的大幅减少仍然遥遥无期。本文认为,这一政策战略的失败至少在一定程度上归咎于准市场逻辑。它倾向于将判刑者构建为刑罚市场中的隐喻消费者,因此刑前报告的撰写者必须令人信服地"出售监禁的替代方案"。从本质上讲,消费主义模式将消费理论作为一种文化实践加以应用和发展,必然无法实现刑罚的减轻。

[关键词] 监禁替代　消费社会　消费主义　刑罚改革　刑前报告(PSRs)　缓刑　量刑

应该如何在情节相对较轻的案件中减少监禁刑的使用? 迄今为止,这一尝试在很大程度上依赖于一种说服策略,即通过在每个案件中提供有关被告人的信息以及监禁替代方案的可行性。

本文探讨了政策赋予刑前报告的核心作用,那就是调查并向法庭提供关于被告人的信息和评估,以形成司法裁决。通过审视政策导向思维的倾向,即以准市场术语将报告作为对量刑施加影响的一种方式,揭示了量刑者和报告撰写者是如何在竞争激烈的刑罚"市场"中分别被构建为隐喻性的消费者和供应商的。运用消费的文化理论,本文主张将量刑者定位为准消费者不一定会减少监禁刑的使用。本文主要讨论了苏格兰、英格兰和威尔士司法辖区,报告被间接用于减少监禁刑的使用,也探讨了报告在其他司法辖区的影响。

文章的主要内容如下:第一部分描绘了政策导向思维下刑前报告的发展历程;第二部分揭示了如何将刑前报告以准市场逻辑考虑,其将裁判者比喻为隐喻消费者,将刑前报告撰写者比喻为销售者;第三部分敏锐洞察了消费文化理论的几个方面,然后将其发展并应用于部分刑前报告的"司法消费"中;最后总结了关键信息,并指出该政策在减少刑罚上所作出的努力。

第一节 刑前报告在减少监禁判决方面的作用

在相对较轻的案件中,寻求减少或至少适度地使用监禁刑的过程中,政策思考避免了量刑决策权应该完全由司法机构"所有的"这一质疑的假设(Ashworth 2015)。与其他西方国家一样,苏格兰、英格兰和威尔士的历届政府都没有试图主张法官应该领导一个跨职业的合作关系,从而在裁判决定过程中发挥作用。

相反,只有法官才能作出唯一和独立的裁判这一理念很大程度上仍然是被认可的。因此,刑罚政策的改革连接着一种间接的、微妙的说服策略:必须向法官"推销"其他选择。刑前报告在这一政策中发挥核心作用。该政策的主要目的是劝阻判刑者在相对较轻的案件中判处监禁,例如,政策的主旨是劝阻司法量刑人员在相对较轻的案件中判处监禁。在量刑法官没有其他合适的方法时,才能将监禁作为"最后的手段"。这一禁令的依据是:法院应该考虑到有关犯罪和罪犯情况的所有可能(Canton and Dominey 2018:88)。

因此,尽管随着时间的推移,刑前报告的方式各不相同,但改革者往往期望报告能微妙地劝阻判刑者只有在没有其他合适刑罚的情况下做出监禁判决。通过在宣判前向法庭提供关于罪犯的明显中立的事实以及可选择的判决,刑前报告的广泛政策作用是通过将裁判法官眼中的罪犯个体化和人性化,从而将犯罪背景化。这反过来希望能够帮助劝阻裁判法官不要判处监禁(如 Canton 和 Dominey 2018; Home Office 1961; Mair 2016; Morgan 2003; Morgan 和 Haines 2007; Raynor 1990; Scottish Executive 2000; Tata 等人 2008; Taylor, Clarke 和 McArt 2014; Waterhouse 2000)。通常,报告涉及被告人的社会因素和个人因素、对犯罪和违法行为的态度的庭外调查,提供关于非监禁选择及其在个别案件中的适用性信息。是否提供刑前报告可由法院酌情要求,或在某些类型的案件中由法律规定,例如在英格兰和威尔士以及苏格兰地区越来越多的案件中。提供这样的报告(这些报告在不同的年代和司法管辖区使用不同的名称)在一系列司法管辖区已变得越来越普遍并成为裁判决策的关键,这些地区包括比利时(如 Beyens 和 Scheirs, 2010);加拿大(如 Cole 和 Angus 2003; Hannah-Moffat 2010; Quirouette 2017);丹麦(Wandall 2010);新西兰(Deane 2000);美国(如 Fruchman 和 Sigler 1999);英格兰和威尔士(Gelsthorpe 和 Raynor 1995; Jacobson 和 Hough 2007; Robinson 2017、2018);爱尔兰(Carr 和 Maguire 2017);澳大利亚

（如 Hickey 和 Spangaro 1995）；苏格兰（如 Tata 2010；Tata 等人 2008）。特别是实行对抗制的初审法院和上诉法院，在考虑监禁判决时，除了通过刑前报告获得信息外，通常很少或根本不会从被告人那里听到关于他的实质性内容。反过来，这又经常为辩护律师的减刑辩护提供信息。

因此，具有改革思维的学者或政策官员也有机会利用报告影响裁判决定，并成为减少使用监禁的战略的一部分。"（刑前报告）应成为刑事司法程序中影响力战略的一部分，因此应成为政策问题"（Raynor 1990：110）。"（刑前报告）提供了对裁判施加影响的宝贵机制"（Taylor，Clarke 和 McArt 2014：53）。其理念是，如果法官更好地了解被告人的个人生活和情况，以及非监禁刑罚的潜在优势，他们将被说服进行非监禁判决，否则他们将倾向于判处监禁。长期大量的量刑和缓刑文献指出，如果向司法裁决者提供与量刑有关的高质量信息，那么他们将相应地减少使用监禁（如 Bateman 2001；Brown 和 Levy 1998；Creamer 2000；Curran 和 Chambers 1982；Gelsthorpe 和 Raynor 1995；Social Work Services Inspectorate 1996；Swain 2005；Taylor，Clarke 和 McArt 2014）。Birkett（2016）得出结论，未能减少对女性的监禁判决在很大程度上是因为"许多地方法官在面对女性罪犯时一直缺乏判决社区矫正的信心正是由于缺乏信息"（509）。提供高质量的信息，"将使他们能够做出更明智的裁判决策并可能有助于提高法官对判处社区矫正的信心"（510）。

为了与量刑相关，报告的作用必须是咨询性的（如 Canton 和 Dominey 2018；Hickey 和 Spangaro 1995；Home Office 1961）——也就是说，不仅仅是收集事实。"刑前报告旨在协助裁判"（Scottish Executive 2004）。在英格兰和威尔士，2003 年的《刑事司法法案》(the Criminal Justice Act 2003)重申,报告必须有助于法院确定"处理罪犯的最合适方法"(第158条)。在苏格兰,报告"在设法确保罪犯不会因为缺乏关于以社区为基础的可行的处置信息或建议而被判处监禁方面发挥特殊作用"(Scottish Executive 2000)。苏格兰、英格兰和威尔士引入以地区制定标准的方式旨在提高和标准化刑前报告的质量,从而"让法官和公众放心服务是可信的"(Waterhouse 2000:56)。事实上,政府政策认为,报告的工作是帮助量刑者认识到非监禁刑罚比起监禁的好处:

> 提供足够质量和数量的社区矫正判例,将使裁判者能够在可能判处监禁的情况下使用这些处罚。其总体目标是创造一种情况,在这种情况下,通过判决社区矫正,尽可能少地使用监狱(Scottish Executive 2004)。

然而,对于一种微妙的说服策略来说,至关重要的是,刑前报告的目的不能明确地向司法判决者陈述,而是在报告中巧妙地汇集明显中立的信息,从而使裁判者不再使用监禁刑罚。如果更加透明地描述刑前报告的作用,恐怕会导致裁判者认为报告是有偏见的,"对缓刑的可信度有明显的负面影响"(Mair 2016:77)。

从19世纪70年代刑前报告在一些警察法庭的调查中出现后,在近150年里,在苏格兰、英格兰和威尔士以及其他国家,刑前报告的规模和范围都有了显著的增长(尽管不稳定)。到1910年,英格兰和威尔士内政部将刑前报告定为常规程序:"向法院递交的报告继续被非正式地使用,并成为程序的常规部分……以促进缓刑作为裁判选项的建立",因此到20世纪30年代,这样的报告被视为缓刑的基础(Mair 2016:63)。1961年,Streatfield的报告建议,通过提供一个有根据的"关于缓刑或其他形式判决对罪犯可能产生影响的建议"(Home Office 1961:123),将刑前报告的作用扩大到适用缓刑之外。然而,这种观点从过去到现在一直认为刑前报告不能影响或削弱"只有法官才能作出唯一的独立的裁判"这一理念。相对的,在刑罚选择的竞争市场中,报告撰写者的作用只能是巧妙地整理信息,并以一种方式引导法官放弃监禁刑罚并认识到"替代方案"的好处。

英格兰和威尔士、苏格兰的国家刑事司法管辖区都发生了为法院编写的刑前报告的数量和概率大幅上升的现象。苏格兰行政部门2006年的报告说,自1996年以来,苏格兰每年完成约40 265份书面刑前报告(社会工作监察机构),增长了70%,这个数字在2010年基本稳定,到2015—2016年下降了约四分之一。然而,最近的这一减少量必须考虑到诉诸法庭的案件数量急剧下降的背景,特别是上诉法院(大约四分之三的刑事案件在那里审理,并且往往需要报告)(Audit Scotland 2015)。

Davies(1974)在谈到英格兰和威尔士时指出,从1956年到1971年,英格兰和威尔士的治安法院和皇家刑事法院的报告数量分别增加了5倍和6倍,远远超过了法庭案件量的增速。到2009年,总共产生了23万份刑前报告(Mair和Burke 2012:184),尽管到2017年,这一数字已经下降到大约15万份(HMIP 2017:20)。但就像在苏格兰一样,这种数字上的绝对下降应该结合刑事法庭起诉案件数量急剧下降的背景而一起考虑。与苏格兰一样,尽管这一整体增长轨迹在相对较短的时间内波动,但长期增长趋势始终不变。例如,在关于判处社区和监禁判决的新指南中,英格兰和威尔士议会指出,如果法院正在考虑监禁(或社区矫正),则其需要得到一份刑前报告。

失望和沮丧,没有更大的影响力

尽管刑前报告的数量和概率以及随之而来的投资长期急剧上升,但其远远算不上成功。事实上在许多国家,虽然社区矫正的判罚急剧增加,但这并没有导致在相对较轻的案件中使用监禁刑罚的净减少,相反的,社区矫正处罚增加的同时,监狱内的人数也在增加(如 Abei, Delgrande 和 Marguet 2015;McNeill 和 Beyens 2013;Morgan 2003;Phelps 2013)。

因此一方面,报告的提供量长期大幅增加,专门用于减少监禁的使用。然而另一方面,监禁刑适用的上升趋势几乎没有被阻止,更不用说被扭转了。如何解释这个悖论呢?

本文认为,刑前报告显然无法减少监禁的使用,原因可以归结到报告撰写者与量刑者之间关系的构建方式上:一种基于市场隐喻和逻辑的关系(这远远早于英格兰和威尔士缓刑的民营化)。越来越多的法官被定位为准客户或消费者,而刑前报告撰写人则被定位为销售者。然而,这不应该从字面上理解。量刑并不是字面意义上的"购物",隐喻使相关思想之间产生联系,从而使人们可视、理解原本不可思议的复杂信息和角色(Wilk 2004)。正如本文旨在展示的那样,应当将裁判中的抽象类别与有形经验通过市场隐喻(例如,销售、购买、选项之间的竞争、需求、供应、欲望、消费者/客户主权、理性的个人选择、品位、愉悦、满足、浪费、新奇等)进行联系。

第二节 销售和消费报告

尽管精确的形式和历史轨迹存在争议,但人们普遍认为,市场隐喻和逻辑正越来越多地嵌入社会和经济关系的秩序中。越来越多的人开始将自己视为隐喻的销售者和消费者（如 Baudrillard 1998，2001；Bauman 2007；Campbell 2004；Dunn 2008），"市场的逻辑溢出到生活的其他领域，挑战和破坏其他的分配、权威和关联模式"（Loader 1999：375）。公共服务正在被市场化，尽管不一定是私有化，因为人们相信市场规律会使服务更符合用户的需求。为了鼓励用户的参与和响应，市场隐喻占主导地位（而不是例如协作伙伴关系）。在日益市场化的英国高等教育世界中（如 Molesworth, Scullion 和 Nixon，2011），学生作为监督者的身份得到了鼓励，"其基础是通过消费者对高等教育施加压力来规范学术生活"（Ferudi 2011：3）。重要的是，由于客户被认为最了解其自身需求，在被提供专业服务时，客户的主观需求或愿望与专业的需求评估之间的传统区别就消失了（Campbell 2004）。对于供应商来说，公开质疑消费者的需求近乎无礼，会疏远消费者，从而危及当前和未来的销售。

　　量刑的领域也不例外。神圣不可侵犯的法官独立选择（自由裁量权）理念，以及刑前报告撰写者说服法官相信其"产品"的好处的要求，很容易与市场隐喻兼容。甚至在 2015 年英格兰和威尔士缓刑服务突然私有化之前，一些研究型作家观察到："进一步模拟市场提供服务的机制……主要是在国有部门内，消费社会已经影响了缓刑作为一种刑罚产品和刑罚程序的实质性的商品化。"（McCulloch 和 McNeill 2007：224）

　　英格兰和威尔士当时的缓刑督察 Rod Morgan（2003）在书中提出了一个尖锐的问题："为了让缓刑服务继续下去，缓刑服务主要必须满足谁？"谁"购买"缓刑/社区司法服务？他指出，虽然社区司法（缓刑）并不在真正的市场中运作：

量刑选择有一个准市场。自20世纪80年代以来,各届政府出于政治原因,通过引进商业化语言和手段——私有化、承包、激励决策等——激励公务员从市场角度思考。因此,开始讨论"客户""产品"等,就社区司法刑罚的提供者而言,服刑人员是核心"用户"或"客户",或者说他们应该被这样看待。

"缓刑服务的主要机制是通过刑前报告来公开和提供服务……通过这些手段,缓刑实际上拥有了它的一席之地"(9—10)。

Morgan指出,对刑前报告和社区矫正的需求主要是由司法部门决定的,如果没有司法部门的要求,缓刑/社区矫正就会破产。实际上,国家向判刑者提供了一张"代金券",可以从"现有的刑罚市场"上"消费"其所选择的任何产品。

不过,正如Morgan指出的那样,这是一个准市场。比如,裁判者是不关心或很少关心购买者,对他们来说,服务没有实际成本。裁判者地位的另一个关键特点是,其不一定特别关心其所消费的(社区矫正)服务的有效性或质量。(McCulloch和McNeil 2007:231)。

尽管如此,通过强调消费者选择的主权,法官被确立为刑前报告中所述服务的主要消费者。因此刑前报告的核心目标是使报告更有吸引力并对司法要求更有针对性。

"像在任何商业市场的供应商或生产者一样,控制缓刑服务的内政部预算执行者需要得到裁判者的意见"(Morgan 2003:23)。刑前报告的编写工作是:

向法院展示自己并成为获得法院信任的主要工具……这也是将罪犯纳入其专业能力范围的主要手段(Haines 和 Morgan 2007)。

刑前报告"是与量刑者的主要接触点,后者是缓刑工作的主要消费者"。判刑者是"法庭报告的主要消费者;报告所要影响的正是他们的决定……并因此对建立和维护缓刑可信度至关重要"(Mair 2016:61—62、69、82)。因此,从主要准消费者的角度来看,提高报告的质量似乎是减少监禁刑的关键要求。

第三节 消费主义逻辑中的报告质量

在这里,区分"质量"的两种含义是很有用的。第一个我们可以称为"内在品质"。我指的是一种将质量视为固有的,是目的本身的方式,它可以通过逻辑和经验证据来实现(如 Gelsthorpe, Raynor 和 Robinson 2010)。第二个我们可以称为"外在品质"。这表示质量是实现目的的一种手段:在量刑中的影响。质量的外在含义主导着政策和实践的话语:质量被视为量刑影响的同义词。然而,外在品质的意义及其所依赖的"需求"几乎总是保持不变的。根据市场逻辑,人们普遍认为,报告不"好",是因为它们无法满足消费者的需求。面临的挑战是将社区刑罚而不是监禁"出售"给判决者:"营销缓刑的工具"(Mair 2016:74—75)。如果判决者"购买"了提议的选项,那么报告就被认为影响了量刑者。

Taylor,Clarke 和 McArt(2014)研究了为什么英格兰和威尔士的地方法官没有更多地采用密集监禁替代方案的原因。他们的关键结论是需要通过消除有偏见的消费者的担忧,从而更有说服力地出售监禁的替代品。"考虑到这种重要的关系,新的社区令①的成功(或失败)在于有效的沟通和司法机构认可提议的意愿"(Taylor,Clarke 和 McArt 2014:53)。

一、消费报告

(一)司法认同的生产和再生产

消费是身份认同不可或缺的一部分。它不仅仅反映了社会身份、界限和角色,还塑造并再现了它们。"人们通过他们的消费来创造一种自我的感觉"(Bocock 1993:67)。消费构成了个性和身份(如 Baudrillard 1968;Douglas 和 Isherwood 1979)。通过消费,一个人在不断地"生成"。消费也是一种声称我们在社会世界中的地位的行为。消费,以及我们如何了解我们消费的东西,使我们在别人的眼中,从而在我们自己的眼中成为自己。在消费中,一个人正在创造和确立自己的身份并建立人际关系,包括地位、界限、宗教信仰(哪些是神圣的,哪些是世俗的)。我们通过消费来表现自我认同感,这是永恒的成长过程的一部分。例如,性别认同只有通过特定行为和姿势的必要重复才能产生。因此,性别认同是性别行为的结果(Lloyd 2007:44—48)。

现在将法官视为报告的准消费者,司法身份不是在任命时创建或形成的。一个人在被任命时并不是天生的法官,而是逐渐成为法官的。一个人在口头和非口头的交流的方式上,通过对微观

---

① 英国法庭的社区令(community order)是一项集惩罚和教育于一体的处罚。被罚者要参加社区义务劳动、接受精神治疗以及被禁止参加某些特定的活动等。依据英国 1991 年《刑事司法法》(*the CJA 1991*)的规定,社区服务令(the community service order)是社区刑罚的一种形式。其适用对象必须是 16 岁以上,最高年龄虽然没有限制,但实际上这种措施倾向适用于 16 岁以上至 20 多岁的罪行轻微的青少年犯人。

行为的风格化重复(例如,一个人的举止、手势等),不断变得司法化(Roach Anleu 和 Mack 2017；Roach Anleu, Bergman Blix 和 Mack 2015)。司法身份认同是通过社会互动而产生的。一种强烈的、持久的、明确的认同感不能通过个人抽象认知反思的聚合产生,而是通过积极参与社会活动来生成。这意味着身份的设定和表现,在其中,身份、信仰和归属会被重新测试、重新验证,从而重新激活。报告展示了一种司法(以及更广泛的法律)身份和信仰被质疑并重新确认的方式。

司法品格的表现和再生,部分地是通过使用报告实现的。通过在法庭观众面前表演(如 Baum 2006；Tata 2002),关于恰当的司法角色的看法、独立和参与的含义,报告撰写人的地位、职业间的关系以及被告人的罪责得到了确立和证明。消费者修改报告,并经常与辩护律师讨论和协商其实际的解读(Tata 2010)。通过专业间和内部关系的视角,报告对于确立职业角色、认同和犯罪主体有关的含义至关重要。司法身份和法律身份的轮廓在与其他职业(撰写报告的缓刑/社会工作)的对比中被描绘和深化。通过理解报告如何被用于代表司法角色和专业间的关系,我们现在可以重新思考似乎难以解决的影响力和质量问题。

在量刑中,报告的撰写者和法官都可以对分配刑罚(量刑)的任务提出合理的要求。通过对个人性格的评估和评价,在犯罪动机和量刑选择的适宜性方面,该报告进行了道德评估,含蓄地挑战了司法部门小心翼翼地守护着的领域(Ashworth 2015；Tata 2013)。Roach Anleu 和 Mack(2001)明确指出了职业边界维护的现象:

> 声称某些做法、任务和责任是法定的法律工作,因此应该

完全由法律人员执行……为了达到这一目的,法律专业人士往往会诋毁其他职业的工作,声称其在处理"法律问题"时不够专业或能力不足,更有偏见(158)。

因此,法官和律师倾向于根据职业化的法律价值观、习惯和实践来评估报告。与其他专业群体一样,判刑者倾向于认为另一个"外部"专业群体的评价不如自己的客观、现实和严谨。专业人士利用他们的抽象知识,将竞争对手的工作简化为自己的版本。这是职业间竞争的基本机制(Abbot 1988:36)。

然而,在准消费主义模式中,外部质量(质量作为影响力)必然是一个不断变化的目标。司法消费者的需求不是固定的,而是易变的、变换的(报告作者,Tata 等人 2008)。消费主义推动了"欲望的不稳定和需求的不满足"(Bauman 2007:31)。因此,报告的消费者也是需求的生产者,报告的撰写者作为销售者,必须实现这些需求,但后者永远不能确切理解也不能完全满足前者。

(二) 消费消费主义

我们消费着消费主义的观念(Baudrillard 1998; Bauman 2007)。最明显的是(虽然不是唯一的),通过广告,我们消费了关于什么是可取的、地位确认的以及如何消费的想法(Dunn 2008; Storey 2017)。最重要的是,这些信息"赞美消费本身"(Simon 2010:262)。然而,这并不是一个被动的过程(Storey 2017:47—62)。在报告的风格、方式和语气中,司法量刑者消费和重新定义了关于他们作为一个(主权)消费者的角色与关系的信息。在消费中,一个人生成和再生成对恰当的角色与关系的理解(如 Baudrillard 1998, 2001; Bocock 1993)。

作为准销售者,报告的撰写者必须采取一种端正的姿态,重申并承认其作为底层劳动者的角色,以及购买选择是法官的专属职责。(Halliday 等人,2009)。司法判决者往往注意到承认法院主权权威的重要性,例如,报告撰写者不能将报告对象称为"客户"来淡化对法院的尊重。至关重要的是,报告撰写者必须承认法院(法官)是其主权客户。他们不应该作出"提议"(法官,Tata 等人,2008)。报告撰写者很快就了解到,"提议"一词可能会激怒法官:如果他们不想看起来像是在试图篡夺法官的量刑主权,就必须学会把这个词改写成"建议""选项"等。司法消费者认为报告具有"影响力"的程度,受到关于量刑的司法和法律所有权以及关于"独立"的司法主观性的限制。关于"独立",几乎无一例外,司法判决者强烈反对这样的观点,即他们的决定受到被视为法律之外的具有不同职业价值观的"异常的内因性因素"的影响(Beyens 和 Scheirs 2010:32)。

因此,专业的报告撰写者必须对他们关于量刑的有说服力的信息进行编码。不是通过暗示、线索和微妙的加工来影响量刑,而是判刑者被顺从地引导到建议的结果。事实上,在看出这种策略的判刑者中,可能会希望报告撰写者遵从判刑者的观点。"不过嘛,如果他们让(法官)想到一种量刑,这里面就有心理学了!"(法官,Tata 等人 2008:845)。然而,通过对这些信息进行编码,并邀请法官解读字里行间的含义,报告的本意也更容易被解读成与撰写者意图大相径庭的方式。

二、(司法部门)消费者"真正"想要什么?

厌倦了大批量生产和消费,寻求真实的和个性的差异化,这意味着更高的地位(Baudrillard 1998、2001)。在一个消费社会中,这种差异通过对独特和特殊的个人消费者的认可表现出来：一种根据个人偏好和特质而量身定制的客户体验。

简易法庭程序强调了标准化、速度和大规模生产的机器般品质。作为司法的实际使用者，司法裁判需要确信他们不仅仅是流水线上的机器人。报告以两种方式对个性化的表现产生重要影响：第一，报告使司法判决者能够将自己视为独特的、个人的和主权消费者；第二，报告显示了量刑过程对被判刑的个人的敏感关注。让我们依次简要思考这两个呈现。

(一) 报告有助于促进司法消费者的个性化

在消费主义中，销售者表现出的屈从，意味着消费者被视为一个特殊而有价值的个体，该项服务将乐于适应其特质（Baudrillard 1998）。这也是一种地位提升的标志，仿佛在说："亲爱的客户，大规模的生产不符合您的身份，一种特别定制、手工制作的服务，只为你"，从而将"买家提升为高贵、自命不凡的至高（主权式）主体"（Bauman 2007：16）。（大多数）司法观察者眼中最高"质量"的报告是那些回应个体司法差异"需求"的报告。该产品是专门为个人消费者定制的（Campbell 2005）。这表明销售者意图在报告中承认量刑间的差异。

通常针对报告的一个关键批评是，它们往往缺乏可信度，而且不现实。量刑者认为有些建议是"不现实的"（如 Burney 1979；Shapland 1981），那么整个报告的可信度就会遭到破坏："如果你得到这样一个不切实际的建议，那它削弱了报告的有效性和价值"（法官，Tata 等人，2008）。

然而，理解什么是"现实的"量刑的能力，既受到在类似案件中缺乏透明的量刑信息的制约，也受到法官间量刑差异的影响：对一位法官来说这可能是现实的,对另一位法官来说这可能不是(Parker,Sumner 和 Jarvis 1989:142—165)。因此,报告撰写者"几乎注定无法达到司法的期望"。

(二) 展示标准化案例的个性化

报告在加强法律认同、规范和法院共同体方面发挥着核心作用。它能够向法庭证明刑罚的正当性。如果没有它,初审法院和中级法院的程序可能被认为是草率的、不人道的,只关心机械地处理案件,而不考虑个人,他的声音,或更广泛的背景。在初审法院和中级法院,通常情况下,作了有罪答辩就不再进行庭审,被告人几乎没有什么参与性。从轻量刑所依赖的报告向法院展示了个性化,例如,对个人的社会背景进行彻底调查,并给予其发言权。报告是制定和执行个体化案件的关键,这样法律专业人员就可以以一种不质疑法律理想的方式处理案件,但事实上,它强化了法律理想,因此是一种积极的职业认同感(Tata 2018)。如果这可能是真的,我们可以假设,最近的变化强调速度而不是深度,显示标准化而不是个性化(Robinson 2017、2018)可能会导致在其他所有条件相同的情况下,判刑者、辩护律师、检察官和其他人之间的压力增加。

在报告中,法官、律师和法庭参与者消费了关于职业关系和价值观的思想(例如,个体化、个人罪责),这些思想通过对个人信息过多的"抱怨"而被标记。

在消费报告中,存在着一个悖论:一方面,更全面的报告经常因其"信息过剩"而被嘲笑(Bauman 2007);然而另一方面,如果认为"细节"的东西并不必要,那将是错误的。如果一份报告没有包含这些"细节",它被认为未能完成任务。同样,司法消费者经常抱怨,有时几乎同时抱怨,有的报告"百科全书式"(Tata 2010)得冗长(Jacobson 和 Hough 2007:48),有的报告则太简短(Tata 2010;Whitehead 2010 年:130)。律师和法官(尤其是那些十分专业的律师)需要感受到这项个性化调查的重要性。事实上,消费者对完整报告与简短报告的偏好有明显矛盾(如 Canton 和 Domney 2018;Whitehead 2008、2010)。

我们如何理解消费者的这种明显矛盾的需求呢?既想要个人的信息,又不想要"全面"的信息?

在消费社会,浪费与其说是计划不周或效率低下的结果,不如说是一种积极的享受。浪费的消费者感觉自己真正的"活着"(Baudrillard 1998)。不断地寻找新的社区刑罚"产品"和销售它们的方法(报告),以说服消费者购买它们,这是消费主义所固有的:

> 新的需求需要新的商品;新的商品需要新的需求和欲望;消费主义的到来预示着市场上商品的"内在陈旧性"时代的到来,也标志着垃圾处理行业的迅猛发展。
>
> 达到这种效果(消费者地永不餍足)的明确方法,是在消费品被炒作进入消费者的欲望世界后不久,就诋毁和贬低它们(Bauman 2007:31—47)。

政府倾向于通过整合官僚制崇尚标准化和效率的价值观来回应有关报告质量的司法投诉。然而,这也遭到了消费者的批评。目前在英格兰和威尔士大量使用报告撰写模板(Robinson 2018),可能会被视为复制粘贴、勾选框打钩的产品。这种新颖性也从监禁的"新替代品"中寻求,司法消费者可能会将其视为另一种过时的时尚(Taylor,Clarke 和 McArt 2014:48)。

第四节　结　论

　　量刑和刑罚政策呈现出一种悖论：一方面，政策文件无可争议地承认监禁（或不监禁）的决定完全在法官手中；另一方面，在监禁率高企和急剧上升的背景下，扭转或至少缓和"监狱过度使用"的责任落在报告撰写者的肩上，他们向量刑决策者提供信息和建议。人们认为，他们非常适合提供一种"可以对量刑施加影响的极有价值的机制"（Cole 和 Angus 2003：302；Taylor, Clarke 和 McArt 2014：53）。

　　从政策角度来看，监禁刑的减少或至少是节制，取决于报告要变得更有说服力。这样，在相对不那么严重的案件中，对抗过度使用监禁的必要性被一种间接的策略所去除。在这种间接策略中，量刑者本人发现非监禁的"替代办法"更有效、更合适。然而，要理解报告在量刑中的作用，我们必须对报告撰写者和量刑者之间的职业关系作更广泛的理解，即以销售者—消费者动态的市场隐喻为前提。

　　对"更好"的报告、新格式、新工具、新产品的永无餍足的渴求，以满足消费者的需求，是由消费主义的逻辑产生的，这只会导致失望。在这个逻辑中，"找茬"和"内在的陈旧性（出现即过时）"是与生俱来的。因此，完全的外在质量（质量即影响）是不可能实现的。它不能用一套可以普遍适用的统一的、非偶然的措施来理解（例如，通过国家标准）。相反，外在品质（在其消费者眼中）不可避免地是不规则的、多元的，是相互矛盾的转变和偶然性的。

　　这并不是说，试图提高报告的外部质量的努力是徒劳的。报告可能会在消费者眼中得到改善，并在预期方向上变得更有影响力。但这种可能性的程度必然和根本上受到准市场话语的限制,准市场话语将报告定位为销售者,将司法判决者定位为刑事市场中的主权消费者。这种销售者与消费者的关系意味着我们应该料到,对报告确定的外在品质的追求将被挤压、破坏、嘲笑和混淆。因此在这种条件下,将外在质量视为刑法改革供应商可以前往并最终到达的固定和明确目的地的想法可能是一种幻想。

将法官视为准市场中的隐喻性消费者,似乎赋予了法官权力。这是一种展示法官明显的无责任的、自由的和至上的方式:客户永远是正确的;顾客为王。销售者的工作是说服消费者购买自己的商品,而消费者可以在其他地方购买,尤其是监狱。这种消费主义的概念认为这是理所当然的,并嵌入了这样一种观念,即如果没有其他东西能证明自己,司法判刑者就会把监狱作为明显的默认手段。把监狱作为"最后的手段"听起来可能有点进步,但如果其他方法都不够好,那它只是巩固了监狱作为后盾的地位。人们一再说,司法判刑者愿意更多地使用"替代方案"来代替监狱,只要向他们证明这些替代方案更加有力和可信。而在那之前,监狱是唯一现实的选择。如果其他的都不能说服法官,那就进监狱。与"替代"判决不同,监狱从来不需要向法官证明自己。监狱总是有保证的,它不需要出售或营销。它是一个后盾、一个默认的方式,对法官来说总是随时准备好的、可靠的、触手可及的,因熟悉而令人安心。虽然销售者必须向消费者推销,但消费者不需要向销售者解释其决定。将法官定位为消费者,巩固了其作为唯一主权的个人选择者的想法和比喻:决定权只属于法官。因此,销售者必须满足消费者的期望,否则会被认为是幼稚的或不切实际的。具有挑战性的预期和假设可能对业务不利,正如法官作为消费者的定位促使人们抵制报告的影响一样,这使得 Hudson 的禁令更难实现,即刑罚应该针对"坏良心"。

  根据生产者/销售者和消费者的市场化的用语,在量刑中制定报告的另一种选择是与作为团队负责人的法官建立(多专业)伙伴关系,这是一种明确建立在尊重相互职业基础上的关系,不过也接受由法官做出最终的决定。然而,要将这一观点纳入主流,就需要公开讨论和挑战迄今为止禁忌的观点,即量刑专属于法官个人。